AF385460

FACULTÉ DE DROIT DE PARIS.

THÈSE

POUR LE DOCTORAT,

PAR

ÉMILE DUPUICH,

AVOCAT A LA COUR IMPÉRIALE DE PARIS.

PARIS

IMPRIMERIE ET LITHOGRAPHIE MAULDE & RENOU,
RUE DE RIVOLI, 144.

1843

FACULTÉ DE DROIT DE PARIS.

THÈSE
POUR LE DOCTORAT.

L'acte public sur les matières ci-après sera soutenu,

Le Jeudi 25 Août 1853, à trois heures.

Par Émile DUPUICH,

Avocat à la Cour Impériale de Paris,

né à Paris, le 30 Juin 1831.

M. Président : M. ROYER-COLLARD, Professeur.

Suffragants.	MM. PELLAT.	Professeurs.
	PERREYVE.	
	COLMET DE SANTERRE.	Suppléants.
	RATAUD.	

Le Candidat répondra en outre aux questions qui lui seront faites sur les autres matières de l'enseignement.

PARIS

IMPRIMERIE ET LITHOGRAPHIE DE MAULDE ET RENOU,

RUE DE RIVOLI, Nº 111.

1853

DROIT ROMAIN.

DU PÉCULE PROFECTICE.

DROIT ROMAIN.

DU PÉCULE PROFECTICE.

PRÉLIMINAIRES.

Les fils de famille et les esclaves étaient juridiquement incapables d'acquérir ou d'aliéner des droits. Mais la capacité qui leur manquait leur était rendue d'une manière plus ou moins complète, par les pères et les maîtres qui voulaient utiliser leurs services, soit au moyen d'un ordre exprès et spécial qui faisait naître l'action *quod jussu*, soit par une sorte de mandat général pour le commerce ou la direction d'un navire qui donnait lieu aux actions *institoires* et *exercitoires*. Cet ordre pouvait être tacite et résulter de l'abandon fait par le père ou le maître de biens à gérer, c'étaient alors les actions *de peculio* et *tributoria* qui prenaient naissance selon les cas. Enfin, un principe d'équité s'opposant à ce que le père ou le maître s'enrichît aux dépens d'autrui, faisait donner contre eux l'action *de in rem verso*, lorsque les obligations des fils et des esclaves avaient tourné à leur profit.

1

Toutes ces actions ne tendaient pas au même but ; elles ne donnaient pas toutes aux créanciers des recours également efficaces.

Le préteur, dans son édit, s'est occupé d'abord des actions au moyen desquelles on pouvait obtenir du père ou du maître la totalité de ce qui était dû, c'est-à-dire des actions *institoires* et *exercitoires*. Il s'est occupé ensuite des actions *tributoria, de peculio, de in rem verso*, et *quod jussu*.

Il est remarquable que l'action *quod jussu*, qui paraît devoir être comprise dans la première classe, est rangée dans l'édit, après les actions institoires et exercitoires, après même les actions *de peculio* et *de in rem verso* (1). Quel peut être le motif de cette anomalie?

Cela tient aux circonstances qui ont présidé à la création de ces actions.

La science philosophique, avec ses déductions logiques, aurait sans doute reconnu pour base aux actions dirigées contre le père ou le maître, la volonté formelle de ceux-ci ; et du principe que le père ou le maître s'obligeaient par les actes faits sur leur ordre par le fils ou l'esclave, elle aurait conclu aux divers cas d'application. Mais il faut songer que les actions dont nous parlons n'ont pas été établies par un législateur: c'est le préteur qui, en les introduisant, a satisfait aux besoins de la pratique. L'intérêt du commerce et de la navigation a fait sentir tout d'abord la nécessité d'assurer le recours des tiers qui ont

1. D. loi 1, § 1 de peculio. — Loi 1. quod cum eo.

contracté avec le *magister navis* ou *l'institor*, par une action *in solidum* contre le père ou le maître. Et ce n'est que plus tard, lorsque les progrès de la civilisation multiplièrent les transactions, qu'il fallut généraliser le principe appliqué d'abord aux matières les plus importantes.

L'action *de peculio* et l'action *de in rem verso* sont celles que nous avons choisies pour sujet de notre travail.

La première est subordonnée, comme son nom l'indique, à l'existence d'un pécule, c'est-à-dire d'un ensemble de biens, dont l'administration est laissée aux fils de famille et aux esclaves, par ceux sous la puissance desquels ils se trouvent.

§ I.

Par qui le pécule peut être constitué, et en faveur de quelles personnes.

1. Le pécule peut être constitué soit par le propriétaire de l'esclave, s'il est seul, soit, si l'esclave appartient à deux maîtres, par l'un d'eux ou par tous deux conjointement, soit par le possesseur de bonne foi, soit par l'usufruitier (1).

2. Dans le cas où l'esclave est possédé de bonne foi, ou donné en usufruit, il s'élève un conflit entre le nu-propriétaire ou véritable propriétaire, et l'usufruitier ou possesseur de bonne foi, quant aux actions à

_____
(1) D. 1. 1. § 6 de peculio.

intenter *de peculio*, à raison des actes faits par l'esclave.

Contre qui seront dirigées ces actions ?

Il faut, pour résoudre cette question, rechercher la cause des actes faits par l'esclave, et décider, conformément aux règles de l'usufruit et de la possession de bonne foi, que l'esclave oblige l'usufruitier ou le possesseur, quand il agit à l'occasion de la *res fructuarii* ou *possessoris*, et qu'il oblige le propriétaire, quand il agit à l'occasion de la *res proprietarii* (1).

3   Le père ou le maître qui constitue un pécule, doit être capable de s'obliger ; s'il était *impubère* ou *furiosus*, la concession qu'il ferait d'un pécule, à son esclave, serait nulle (2).

Il faut pourtant se garder de croire qu'un pécule déjà constitué, se trouve anéanti par l'événement qui rend le maître incapable ; le pécule subsiste, au contraire, et c'est ce qui explique comment un impubère ou un fou peut être poursuivi *de peculio*, à raison des faits de son esclave (3).

4. Mais le pécule peut être concédé de deux manières, soit purement et simplement, soit avec une liberté d'administration exceptionnelle.

Cette libre administration, à cause précisément de son caractère exceptionnel et du danger qu'elle présente pour le maître, ne peut pas résulter d'une continuation tacite de la volonté ; il faut qu'elle soit

---

(1) D. 1. 2, de peculio.
(2) D. 1. 7, § 1 de peculio.
(3) D. 1. 3, § 3. 1, de peculio.

expressément accordée (1) ; en conséquence, elle est rétractée de plein droit quand le maître devient fou, ou est remplacé par un impubère.

5. Le fils de famille et l'esclave peuvent recevoir un pécule, alors même qu'ils sont fous ou impubères (2) ; et les actes qu'ils font donnent lieu à l'action *de peculio* contre le père ou le maître : les filles de famille et les femmes esclaves peuvent aussi recevoir un pécule ; c'était un point reconnu parmi les jurisconsultes Romains, malgré les termes de l'édit qui ne parlait que de *celui* qui se trouvait sous la puissance d'autrui ; *quod cum* EO *qui in aliena potestate esset, negotium gestum erit* (3).

Mais le pécule sera rétracté de plein droit, si le fils ou l'esclave devient fou (4).

6. Le fils de famille comme l'esclave peut, ainsi que nous venons de le dire, recevoir un pécule. Les règles sont, en général, les mêmes pour tous deux : aussi tout ce que nous dirons de l'esclave sera-t-il applicable au fils de famille. Il y a cependant quelques points sur lesquels la situation du fils de famille diffère de celle de l'esclave : il importe de les signaler d'abord afin d'éviter toute confusion.

§ II.

Dispositions spéciales au fils de famille.

7. Le fils de famille étant capable de figurer en son

(1) D. l. 7, § 1, de peculio.
(2) D. l. 1, § 1 de peculio.
(3) D. l. 1, § 3 de peculio, l. 27, pr. ib.
(4) D. l. 7, § 3, de peculio.

nom dans un acte du droit civil, s'engage personnellement, quand il contracte une obligation, soit à l'occasion de son pécule, soit sur l'ordre de son père, ou
lorsque l'objet de cette obligation a tourné au profit de
celui-ci.

Le créancier qui a contracté avec le fils, a donc,
outre les actions, *quod jussu, exercitoire, institoire,
tributoire, de peculio* et *de in rem verso*, contre le père,
une action directe contre le fils. (1). Cette action est
celle résultant du contrat; elle existe contre le fils,
indépendamment de toute extension du préteur, car
d'après le droit civil, le fils de famille peut être poursuivi et condamné à raison de ses obligations, tant
qu'il est *alieni juris*, sauf à n'exécuter le *judicatum*
obtenu contre lui que lorsqu'il sera sorti de la puissance paternelle.

Le préteur intervient alors pour atténuer les effets
de l'action directe que les créanciers ont contre le fils;
il lui accorde le bénéfice de *compétence* (2), à certaines
conditions.

8. Si le fils est héritier de son père, ou si n'ayant
pas le titre d'héritier, il recueille néanmoins l'hérédité
par *fideicommis* (3), on ne peut pas restreindre l'action dans les limites de ses moyens, car il est poursuivi
par les créanciers comme héritier, comme continuateur
de la personne du défunt, et à ce titre, il est tenu de
toutes les obligations de ce dernier, comme en serait
tenu le défunt lui-même.

(1) D. I. 11 de peculio.
(2) D. I. 2, quod cum eo.
(3) D. I. 5, § 1 quod cum eo.

Mais si le fils est affranchi de la puissance paternelle, et devenu *sui juris*, sans pour cela avoir succédé à son père; si, par exemple, il a été émancipé ou exhérédé. s'il s'est abstenu de l'hérédité (1), s'il a été donné en adoption, et qu'il fût encore dans la famille de l'adoptant au moment de la mort de son père naturel (avant Justinien) (2), s'il a été fait flamine de Jupiter, ou s'il a été forcé d'accepter l'hérédité pour la restituer à un fidéicommissaire, en vertu du sénatus-consulte Pégasien (3), ou même enfin, si, étant héritier de son père, il a été institué pour une part tellement faible, que sa qualité d'héritier ne soit qu'un vain titre (4), les créanciers ne pourront le poursuivre que de son propre chef, et non du chef de son père. C'est dans ces circonstances que le préteur fait jouir le fils du bénéfice de compétence.

Il est juste, en effet, que ce fils qui s'est obligé à l'occasion d'un pécule appartenant à son père, ou au moins dans l'intérêt de celui-ci. peut-être même d'après son ordre, ne soit pas obligé d'une manière aussi rigoureuse que lorsqu'il s'est engagé pour lui-même. Ajoutons qu'on ne peut avoir aucun scrupule à restreindre l'action des créanciers du fils de famille agissant comme tels, et à laisser entière l'action de ceux envers lesquels le fils s'est engagé en son propre nom et pour son intérêt personnel; puisque les premiers ont non-seulement l'action directe contre le fils,

(1) D. l. 2, quod cum eo.
(2) D. l. 2, § 1 ibid.
(3) D. l. 3, § 2 ib.
(4) D. l. 2, § 1 et l. 7 ib.

mais encore les actions que nous avons énumérées plus haut, contre le père ou ses héritiers, tandis que les autres n'ont d'autre débiteur que le fils.

9. La faveur accordée au débiteur de n'être poursuivi que *in id quod facere potest*, n'est pas toujours entendue de la même manière.

Quelquefois le créancier contre lequel cette mesure est prise, est autorisé, pour fixer les limites de son droit, à considérer le patrimoine de son débiteur, tel qu'il se comporte en apparence, sans se préoccuper du passif qui le grève; quelquefois au contraire, le créancier doit avoir égard aux autres dettes, et les retrancher de la somme de biens sur laquelle il va exercer ses poursuites. Il est facile de voir que le bénéfice de compétence est moins complet dans le premier cas que dans le second, puisque le créancier poursuivant peut absorber à lui seul tout l'actif et réduire le débiteur à la misère.

Comment doit-on comprendre ce bénéfice accordé au fils? Ulpien veut que ce soit dans le premier sens; le premier créancier qui agira aura pour gage tout l'actif du fils, et ne s'inquiètera pas de savoir s'il est ou non seul créancier, car : *rectè dicitur occupantis meliorem esse conditionem*. Et il faut croire que ce principe était généralement adopté par les jurisconsultes romains, puisque nous le voyons reproduit dans les mêmes termes par Gaïus (1) et par Paul (2). Il est

(1) D. 1. 10 de peculio et l. 4 de in rem verso.
(2) D. 1. 6 de tributoria actione et l. 52. pr. de peculio.

bon de remarquer avec Gaïus (1) que celui qui est considéré comme l'*occupans*, n'est pas celui qui est arrivé le premier à la *litis contestatio*, mais celui qui a le premier obtenu condamnation.

Cette règle de la priorité de l'*occupans* n'est d'ailleurs vraie qu'entre les créanciers antérieurs au fait qui a rendu le fils *sui juris* (2); Ulpien pense que ceux-ci devront respecter les droits des créanciers postérieurs, plus dignes de protection, par les raisons que nous avons indiquées précédemment.

10. Il est une fraude que pourraient commettre les créanciers paternels, ce serait de suspendre leurs poursuites contre le fils jusqu'à ce que celui-ci ait amassé une fortune nouvelle, afin de se faire payer sur ce patrimoine. Le bénéfice de compétence servira au fils à déjouer cette fraude, car le juge ayant un libre arbitre pour décider quelles sont les ressources du débiteur, n'est pas forcé d'envisager sa fortune au moment de la poursuite : il aura égard au temps où le fils est devenu *sui juris*, et se déterminera suivant ce que lui suggérera l'équité (3).

A l'inverse, il faut se garder de la fraude dont le fils de famille pourrait se rendre coupable vis-à-vis des créanciers, en se faisant faussement passer pour *sui juris*. Dans cette hypothèse, s'il devient effectivement *sui juris* après le contrat, il est déchu du bénéfice de

(1) D. 1. 10 de peculio.
(2) D. 1. 3. quod cum eo.
(3) D. 1. 1, § 1, quod cum eo.

compétence, et est tenu *in solidum*, à cause de son dol (1).

11. Le bénéfice introduit par le préteur au profit du fils de famille, est établi pour lui seul, et non pour ses héritiers (2), et il n'existe même pour lui qu'à l'occasion des dettes qui sont nées de ses contrats et non de celles qui résultent de ses délits (3).

12. Outre l'action directe contre le fils de famille, les créanciers ont aussi contre lui, quand il est héritier de son père et qu'il ne s'est pas abstenu de sa succession, l'action qu'ils avaient contre le père lui même; aussi avons-nous vu que, dans ce cas, il ne jouit pas du bénéfice de compétence; mais s'il est héritier pour une part tellement faible, que sa qualité d'héritier ne soit qu'une dérision, le préteur le décharge de l'obligation *in solidum*, et veut qu'il ne soit poursuivi de son chef que *in id quod facere potest*. Les créanciers ont donc contre lui une action directe, modifiée par le bénéfice de compétence et l'action du chef de son père pour la part dont il est héritier. Ils peuvent, nous dit Ulpien (4), exercer l'une ou l'autre, à leur gré, mais ils ne peuvent les exercer toutes deux successivement.

13. Si donc le fils de famille et l'esclave sont dans une position semblable en ce que tous deux obligent par leurs actes ceux sous la puissance desquels ils se

(1) D. 1. 4, § 1, 1. 6 quod cum eo.
(2) D. 1. 4, § 3 ibid.
(3) D. 1. 4, § 2 ib.
(4) D. 1. 4, pr. ib.

trouvent, ils diffèrent cependant en ce que le premier contracte en même temps une obligation personnelle.

14. Ils diffèrent encore en ce que le fils a sur son pécule un droit de disposer bien plus large que celui de l'esclave. Toutes les obligations qui lui incombent, quelle que soit leur cause, peuvent être poursuivies *de peculio* contre le père. Le maître, au contraire, ne peut être poursuivi à raison des obligations de son esclave que lorsque ces obligations ont été contractées dans l'intérêt du pécule.

Ainsi, le fils s'est porté fidéjusseur d'un tiers; ce contrat de fidéjussion oblige-t-il le père *de peculio?* Oui, répond Ulpien, d'accord avec Sabinus et Cassius, le père est toujours tenu *de peculio*, des obligations de son fils (1).

Mais quand la même question est posée à l'égard de l'esclave, Ulpien déclare qu'il faut lui donner une autre solution : et *distare in hoc à servo* (2). — On doit rechercher alors sur quel motif l'esclave a cautionné le tiers. Si ce n'est pas dans l'intérêt de son pécule, s'il a voulu seulement rendre un service à ce tiers, le maître n'est pas obligé (3); et, dans le cas où l'esclave aurait payé, par suite de sa fidéjussion, le maître aurait l'action en revendication, si le paiement avait été fait avec ses propres deniers, ou la

(1) D. 1. 3. § 9 de pecul.o.
(2) Loco cit. 1. 17, § 1 de peculio.
(3) D. 1. 3. § 3 de peculio.

condictio indebiti, si le paiement avait été fait avec des deniers péculiaires (1).

Si, au contraire, la fidéjussion dont il s'agit rentre dans l'administration du pécule, si, par exemple, l'esclave est banquier, et qu'il ouvre des crédits aux tiers, ces crédits, véritables cautionnements, sont valables, comme faits dans le but de faire fructifier le pécule. De même encore, quand l'esclave donne mandat à un tiers d'acquitter une dette, on recherchera son intention, et on décidera que l'action *mandati contraria* n'est donnée contre le maître que si le mandat a été donné dans l'intérêt du pécule, par exemple si l'esclave avait donné mandat de payer un de ses créanciers (2).

15. Le fils de famille oblige son père, non seulement par ses contrats, mais encore par les condamnations qui sont prononcées contre lui, même à raison de faits pour lesquels le père n'aurait pas pu être poursuivi (3), par exemple à raison de ses délits.

16. De même, il oblige son père par ses compromis, quel qu'en soit le sujet : et comment en serait-il autrement, *cum ex stipulatu pater conveniatur* (1); puisqu'un père est tenu des obligations contractées *verbis* par son fils?

Quant à l'esclave, il n'oblige son maître, ni par le compromis, ni par les condamnations qu'il en-

<hr>

(1) D. 1. 19, de fidejussorib. et mand
(2) D. 1. 3, § 6 de peculio.
(3) D. 1. 3, § 11 de peculio.
(4) D. 1. 3, § 10 de peculio.

court (1) ; par les condamnations, car il ne peut figurer dans aucune instance : par le compromis, parce qu'on assimile la décision arbitrale à une sentence judiciaire.

17. Le fils de famille oblige encore son père par le serment qu'on a fait contre lui, sur sa délation : on voit là une transaction de sa part.

L'esclave, au contraire, n'oblige pas son maître par le serment (2), parce que le serment est assimilé au compromis ou à l'instance en justice.

On trouve pourtant un texte de Paul (3) qui donne une décision contraire; Pothier a expliqué cette contradiction de plusieurs manières : Paul, dit-il, en déclarant que le maître est obligé par le serment, n'entend parler que du cas où le serment est déféré sur une matière relative au pécule de l'esclave; le texte d'Ulpien statue sur le serment relatif à d'autres matières. Ou bien Paul suppose que l'esclave a reçu la *libre administration* de son pécule; tandis qu'Ulpien se place dans les conditions ordinaires. Ou bien encore on peut se contenter de reconnaître entre nos deux textes une contradiction, résultant de ce que la question était résolue diversement par les Sabiniens et par les Proculéiens.

18. Enfin nous remarquerons que le fils de famille oblige son père par sa négligence ; lorsqu'étant magistrat (*decemvir*), chargé de la nomination d'un tu-

(1) D. 1. 3, § 8 de peculio.
(2) D. 1. 5, § 2 de peculio.
(3) D. 1. 22, de jure jurando.

teur, il a omis de lui faire fournir la caution *rem pupilli salvam fore* (1). Et le père est soumis à cette obligation, alors même que son fils aurait accepté malgré lui la fonction qu'il remplit, Il y a sans doute quelque chose de bien dur à faire supporter au père les conséquences d'une faute commise par le fils. Mais cette rigueur s'explique par une raison d'intérêt social : *rem publicam salvam fore pater obstrictus est*, dit Ulpien.

§ III.

Ce que c'est que le pécule, et comment il peut être constitué.

19. Le pécule est l'ensemble de biens dont le maître abandonne l'administration à son esclave, déduction faite de ce que celui-ci pourra lui devoir (2).

On peut, à la rigueur, distinguer deux sortes de pécules, celui qui est directement constitué par le maître à son esclave, et celui que l'esclave constitue lui-même à un de ses vicaires. En admettant cette distinction, notre définition serait incomplète, puisqu'elle ne s'appliquerait qu'à la première espèce de pécules. Mais, à vrai dire, le pécule des vicaires est bien constitué par le maître, car il fait partie intégrante du pécule de l'esclave *ordinarius*, lequel est l'émanation directe du maître (3).

1 D. 1. 5, § 13 de peculio.
2 D. 1. 5, § 4 de peculio.
3 D. 1. 6 et 1. 7, pr. de peculio.

20. Il faut bien remarquer que le pécule se compose seulement de ce qui a été concédé sciemment par le maître, et non pas de tout ce que possède l'esclave à l'insu du maître (1). Et même, il ne suffit pas que le maître ait la volonté de constituer un pécule, il faut que cette volonté se manifeste par quelque acte (2), *re enim, non verbis, peculium augendum est.* Il n'y a qu'un cas dans lequel le maître puisse enrichir son esclave sans un acte réel: c'est lorsqu'il entend lui faire remise d'une dette.

21. Mais, si aucun bien ne peut entrer dans le pécule de l'esclave sans que le maître y consente, à l'inverse, le pécule peut être diminué sans que le maître le sache, par tout fait de l'esclave qui l'oblige envers son maître (3).

22. Le pécule, nous l'avons vu, doit être constitué expressément; mais une fois qu'il est constitué, il faut aussi une manifestation expresse de la volonté du maître pour l'éteindre. Ainsi, quand les dettes de l'esclave vis-à-vis de son maître absorbent tout l'actif du pécule, le pécule n'est pas pour cela détruit: si donc l'esclave parvient à payer ses dettes, ou obtient de son maître la remise, il n'aura pas besoin d'une nouvelle concession pour se trouver à la tête des valeurs péculiaires (4).

23. A la mort de son maître, il conserve son pé-

1) D. 1. 1, pr. § 2 de peculio.
2) D. 1. 1. § 1, l. 8 de peculio.
3) D. 1. 1, § 3 de peculio.
4) D. 1. 1. § 5 de peculio.

cule, sans que l'héritier le lui concède expressément ; il suffit pour cela du silence de l'héritier.

24. Si le maître vend ou lègue son esclave avec ce pécule, l'esclave continue à être péculiaire, pourvu que le légataire ou l'acheteur ne lui retire pas formellement son pécule.

25. Il résulte de notre définition que, pour connaître la consistance du pécule, il faut retrancher tout ce que l'esclave doit au maître, en d'autres termes, le maître a sur tous les créanciers de son esclave un droit de préférence, fondé sur cette idée, que le maître ayant toujours le pécule à sa disposition, a dû prévenir les autres créanciers et se payer le premier (1). Ce droit de préférence s'exerce par la *déduction*.

§ IV.

De la déduction que le maître peut opérer sur le pécule quand il est poursuivi DE PECULIO.

I. Comment la déduction doit être opérée.

26. La déduction ne peut être faite par le maître que s'il n'a pas d'autre moyen de rentrer dans ce qui lui est dû ; autrement il s'enrichirait aux dépens des créanciers (2).

Ainsi, le maître devra s'abstenir de la déduction, si la créance contre son esclave se compense avec une dette qu'il a envers lui.

27. Si le maître est créancier de son esclave, à rai-

(1) D. 1. 9, § 2 de peculio.
(2) D. 1. 11, § 6 ibid.

son d'un vol que celui-ci a commis à son préjudice, de complicité avec un tiers, le maître doit poursuivre d'abord le tiers, et ne déduire du pécule que ce qu'il n'aura pas pu toucher du tiers (1).

28. Ou encore, si le maître a vendu son esclave avec le pécule, et que plus tard il soit poursuivi *de peculio* par des créanciers de cet esclave, il ne pourra pas déduire ce qui lui était dû au moment de la vente, car c'était à lui à le retenir quand il a livré le pécule à l'acheteur ; s'il ne l'a pas fait, il est en faute, et les créanciers ne doivent pas en souffrir. Mais, comme en livrant le pécule en entier, sans en déduire ce dont il était créancier, il a livré plus qu'il ne devait, il aura contre l'acheteur la *condictio indebiti*, ou même l'action *ex vendito*. Et par cette action, il réclamera seulement ce qu'il aurait pu retenir au moment de la vente ; si donc les intérêts sont venus accroître la dette, le vendeur ne pourra pas se les faire payer (2).

29. Il est cependant un cas dans lequel le maître ayant le moyen de se faire payer autrement que par la déduction, sera autorisé à déduire, parce que les créanciers n'en éprouveront aucun préjudice.

L'un des créanciers d'un esclave ayant une action *de peculio* contre le maître, a acheté cet esclave et son pécule ; plus tard, il est poursuivi par les autres créanciers de l'esclave : on demande s'il peut déduire ce qui lui est dû *de peculio* par le vendeur ? On doit décider qu'il le peut, quoiqu'il ait, indépendamment

(1) D. l. 4, § 4 de peculio.
(2) D. l. 11, § 7 de peculio.

de la déduction, une action contre le vendeur, pour
tout ce qui lui est dû. — Et, en effet, les créanciers
eussent-ils agi contre le vendeur lui-même, comme
ils en avaient le droit, n'auraient pas moins été soumis à la déduction, puisque le vendeur, devenu personnellement débiteur de l'acheteur, était devenu
créancier de son esclave, à raison de la somme qu'il
était obligé de payer pour lui à l'acheteur. Or,
ce que le vendeur aurait pu déduire spontanément,
s'il eût été actionné par les créanciers, il pourra
par la même raison le déduire, quand il sera poursuivi
par l'acheteur. Il est donc vrai de dire que les créanciers n'ont pas d'intérêt à empêcher l'acheteur de déduire ce qui lui est dû, puisque s'ils échappaient à la
déduction de l'acheteur, ils auraient à subir celle du
vendeur. Et il est, par conséquent, très juste de permettre à l'acheteur de faire sa déduction, au lieu
d'exercer l'action contre le vendeur (1).

II. Des choses qui peuvent être déduites.

30. Toutes les fois que le maître a contracté une
obligation dans l'intérêt de son esclave, ou qu'il a acquitté cette obligation, il a droit à une déduction;
comme lorsqu'il s'est porté le fidéjusseur de son esclave, ou qu'il a donné mandat à un tiers de lui prê-
ter de l'argent.

31. Néanmoins, la déduction n'aura pas toujours
lieu dès la première poursuite. En effet, si un créan-

_____
(1) D. L. 11. § 8 de peculio.

cier intente l'action *de peculio*, il pourra être autorisé
par le magistrat à donner caution, qu'il restituera ce
qu'il prend, dans le cas où le maître serait plus tard
poursuivi par un nouveau créancier (1) ; de cette manière, tout en respectant le droit du maître, on fera
bénéficier le créancier des fruits de la somme qui lui
est due, jusqu'au moment où il fera la restitution, s'il
y a lieu.

32. Ainsi encore, lorsque le maître a fait donner
des soins à un esclave qui s'était blessé, il peut déduire du pécule les dépenses qu'il a faites à ce sujet (2) ;
car, bien que ces dépenses lui profitent, elles profitent
bien plus encore à l'esclave qui les aurait faites lui-
même, si le maître s'en était abstenu.

Mais la diminution de valeur que subit l'esclave qui
s'était blessé lui-même, n'entre pas en déduction du
pécule ; on considère que le droit d'attenter à ses
jours est un droit naturel qu'on ne peut dénier même
à l'esclave (3).

33. Le maître a encore droit à la déduction quand
il est créancier de son esclave, par suite d'une obligation contractée vis-à-vis de lui par ce dernier.

Par exemple, l'esclave avait promis à son maître
une certaine somme, s'il l'affranchissait ; le maître,
poursuivi *de peculio* après l'affranchissement, déduit
la somme qui lui a été promise. De même, quand

(1) D. 1. 9, § 8 de peculio.
(2) D. 1. 9, § 7 de peculio.
(3) Ibid.

l'esclave s'est engagé vis-à-vis de son maître par une expromission (1).

34. L'esclave peut s'être obligé envers son maître, non-seulement par contrats, mais par reliquats de comptes, ou par délits; toutes ces obligations vis-à-vis du maître donneront lieu à la déduction (2).

35. Mais, dans ce dernier cas, lorsque l'esclave s'est rendu coupable d'un délit envers son maître, qu'est-ce que celui-ci pourra déduire; est-ce le montant du dommage seulement, ou bien tout ce qu'on aurait pu réclamer de l'esclave d'autrui, c'est-à-dire le double ou le quadruple, selon les cas? Ce sera seulement le montant du dommage; car, dans les rapports de maître à esclave, on ne peut pas dire qu'il y ait véritablement un délit.

36. La créance du maître contre son esclave peut avoir pour cause une condamnation que le maître a subie *de peculio*. Il y a encore déduction dans ce cas (3): si donc l'esclave a deux créanciers, le premier sera payé intégralement, ou au moins jusqu'à concurrence du pécule; quant au second, il devra subir la déduction que fera le maître de tout ce qu'il a déboursé pour satisfaire le premier.

Mais celui qu'on doit considérer comme le premier, n'est pas celui qui, le premier, a obtenu la *litis contestatio*, c'est celui qui a le premier obtenu un jugement (4).

(1) D. l. 11, § 1 de peculio.
(2) D. l. 9, § 6 de peculio.
(3) D. l. 9, § 8, in fine, de peculio.
(4) D. l. 10, de peculio.

37. Lorsque le maître a été poursuivi à l'occasion d'un délit commis par son esclave, il faut voir, pour savoir s'il a ou non droit à la déduction, quel parti il a pris.

A-t-il payé le montant de la condamnation ? Il déduira cette somme; car par ce paiement, il a fait l'affaire de son esclave; il a diminué son patrimoine dans l'intérêt du pécule, il doit en être indemnisé.

Mais, s'il a préféré abandonner l'esclave en noxe, il n'a pas droit à la déduction; on ne peut pas dire, en effet, qu'il ait acquitté une dette de l'esclave et enrichi le pécule, il s'est soustrait, au contraire, en profitant de la faculté qu'on lui accordait de faire l'abandon noxal, à l'obligation qui lui était personnellement imposée (1).

38. Quand l'esclave s'est fait payer à lui-même ce qui était dû à son maître, le débiteur n'est pas libéré, il demeure soumis à l'action du créancier, mais de son côté, il a une action en répétition de l'indu contre l'esclave.

Dans cet état de choses, on ne peut pas dire que le maître soit créancier de son esclave, et qu'il puisse déduire du pécule la somme que celui-ci a touchée; car la première créance n'est pas éteinte, et il serait contraire à toute justice que le maître eût à la fois action contre son débiteur et action contre son esclave; et que l'esclave fût soumis à la fois à la répétition de l'indu de la part du débiteur, et à la réclamation de la part de son maître.

(1) D. I. 11, pr. de peculio.

39. Mais si le maître ratifie le paiement qui a été fait entre les mains de son esclave, il acquiert le droit de déduction sur le pécule, car l'esclave est obligé naturellement envers lui (1), et les obligations naturelles forment la cause de toutes les déductions.

40. Le maître pourra-t-il déduire les objets usuels qu'il a donnés à son esclave, comme des vêtements? On ne peut répondre à cette question qu'en faisant plusieurs distinctions.

Si l'esclave n'avait pas eu de pécule jusque-là, la question de déduction ne peut pas naître; et il faut dire que les vêtements donnés à l'esclave ne constituent pas un pécule, et ne peuvent à aucun titre former le gage des créanciers de cet esclave.

S'il avait un pécule, il faudra voir quelles étaient les habitudes du maître : Ce maître avait-il coutume d'habiller ses esclaves lui-même, et de ne pas prélever le prix de leurs vêtements sur leur pécule? Les vêtements donnés à l'esclave n'entrent pas dans le pécule; ils restent propres au maître, qui peut les déduire.

L'usage du maître était-il de laisser à ses esclaves le soin de se vêtir aux frais de leur pécule? S'il a donné des vêtements, c'est de sa part une libéralité, c'est un augment de pécule; il n'y a donc pas lieu à déduction.

Si, dans ce dernier cas, le maître n'avait pas donné le vêtement à son esclave pour en user librement et à son gré ; s'il lui avait assigné un usage déterminé ; si,

_____
(1) D. 1. 11, § 2 de peculio.

par exemple, il avait fourni à son esclave un habit de luxe pour le servir à table ou le suivre à la ville, cette circonstance toute particulière ferait supposer, chez le maître, l'intention de se réserver la propriété de cet habit. Il aurait alors, non pas le droit de déduction, mais la revendication (1)

41. Une femme a promis une dot à un fils de famille qu'elle est sur le point d'épouser; elle se marie, et plus tard, elle obtient le divorce; elle n'avait pas encore à ce moment acquitté la promesse qu'elle avait faite, et, comme le mariage est dissout, et que cette promesse n'a plus de cause, elle veut obtenir sa libération. Elle poursuit dans ce but le père, par l'action *de peculio*, et sollicite une acceptilation. On demande si le père sera tenu de faire l'acceptilation pour toute la dette, et de libérer ainsi complètement la femme, ou s'il pourra opérer la déduction de ce que lui doit son fils.

La réponse est négative, car il faut remarquer qu'en réalité, quoique la femme agisse *de peculio*, elle n'enlève rien des valeurs du pécule. Elle était débitrice; la cause de sa dette est éteinte. Si son créancier, c'est-à-dire son mari, ou le père, agissait pour lui faire acquitter cette dette, il est évident qu'elle le repousserait par l'exception de dol, et ne serait tenue à aucune prestation. Sa position, dans notre espèce, est tout-à-fait la même; seulement, elle veut prévenir l'action qu'on pourrait plus tard intenter contre elle (2).

<hr>

(1) D. l. 23 et l. 10, § 1 de peculio.
(2) D. loi 38, § 1 ibid.

42. Quelqu'un qu'on croyait libre était chargé d'une tutelle; on a reconnu depuis qu'il était esclave : Le pupille agit contre le maître *de peculio*, afin d'obtenir ses comptes de tutelle, et de rentrer dans les fonds dont le prétendu tuteur avait eu l'administration.

Sur ce point, plusieurs questions se présentent : le pupille, dont la créance est privilégiée, doit-il être préféré au maître? ou, au contraire, le maître a-t-il contre lui le droit de déduction comme contre tout créancier? dans le cas où l'on accorderait au maître le droit de déduire, faut-il distinguer si la dette de l'esclave envers son maître date du temps où il était *in libertate*, ou si elle est postérieure? enfin le pupille peut-il intenter une action *de peculio ?*

Sur la première question, il faut répondre que le maître est préféré à tous les créanciers, même au pupille; et en effet le droit de déduction du maître est fondé sur ce principe qui est absolu : *occupantis melior est conditio.*

Quant à l'époque à laquelle l'esclave est devenu débiteur de son maître, elle importe peu : on ne considère jamais dans quelles circonstances est née la dette; pour qu'il y ait lieu à déduction, il suffit que cette dette existe au moment de l'action. Ainsi lorsque quelqu'un, créancier d'un esclave, achète cet esclave, il devient propriétaire, et continue d'être son créancier; s'il est plus tard actionné *de peculio,* personne ne doute qu'il puisse déduire sa créance sur l'esclave, et cependant cette créance est née à une époque où il n'était pas encore le maître.

Enfin, il faut reconnaître que rigoureusement ce pupille n'a pas l'action *de peculio ;* en effet, l'esclave n'a pu, d'après les principes du droit civil, s'obliger envers lui, *quasi ex contractu ;* la gestion de la tutelle ne rentrait pas dans l'administration du pécule. Le pupille serait donc sans recours si le préteur ne lui donnait l'action utile de tutelle *de peculio,* au moyen de laquelle il pourra poursuivre le maître.

Ajoutons que si le maître a entre les mains des valeurs appartenant au pupille, celui-ci aura la revendication, que si l'esclave avait placé les fonds pupillaires, le pupille aura contre les tiers la revendication; si les capitaux n'avaient pas été consommés, parce que les prêts faits par l'esclave étaient nuls, et qu'il aura contre ces tiers l'action utile du prêt, ou l'action *ad exhibendum,* si les fonds avaient été consommés (1).

43. Si le privilége du pupille n'empêche pas le maître de faire ses déductions, il n'en produit pas moins ses effets dans l'action *de peculio,* à l'égard des autres créanciers. Aussi si des créanciers non privilégiés se présentent en même temps que ce pupille, ils ne seront payés qu'après lui ; et s'ils se présentent avant lui, ils devront fournir caution de restituer ce qu'ils auront reçu, dans le cas où le maître serait plus tard soumis à une action privilégiée (2).

44. Un esclave s'est substitué, par l'*expromissio,* au débiteur de son maître; le maître pourra désormais

(1) D. 1. 52, pr. de peculio.
2) D. 1. 52, § 1 de peculio.

— 26 —

déduire du pécule la créance qu'il a contre son esclave.
Mais le précédent débiteur n'est pas pour cela libéré, car il est tenu envers l'esclave, soit par l'action
mandati, soit par l'action *negotiorum gestorum*; et si
l'esclave paie son maître, ou que celui-ci opère la déduction, la créance de l'esclave contre le débiteur de
son maître sera comprise dans ce pécule (1).

45. La déduction opérée par le maître peut l'être
fictivement ou réellement.

La déduction fictive diffère de la déduction réelle
en ce que la première laisse les risques de la chose
à la charge de l'esclave, tandis que la seconde les fait
passer au compte du maître.

Ainsi, lorsqu'un maître, créancier de son esclave
d'une somme de *cinq*, déduit fictivement du pécule un
objet d'une valeur égale à cette somme, comme un
vicaire, et que, plus tard, cet objet vient à périr, le
maître, étant poursuivi *de peculio*, par les créanciers
de son esclave, a le droit de déduire les *cinq* qui
lui sont dus, comme s'il n'avait pas précédemment
déduit l'esclave (2).

46. Il est bien entendu d'ailleurs que la déduction
ne doit se faire qu'une fois. Lorsque le maître a fait
d'abord une déduction fictive, dans la prévoyance
qu'il sera poursuivi ultérieurement, il peut sans doute
réaliser cette déduction au moment des poursuites ;
mais si la déduction a été réellement faite dès l'ori-

(1) D. l. 56 de peculio
(2) D. l. 11, § 1, 5 de peculio.

gine, elle est définitive, et ne peut pas être renouvelée (1).

47. Lorsqu'un créancier de l'esclave est appelé à la succession du maître, il devient propriétaire de l'es-clave, et il peut certainement alors, en sa qualité de maître, déduire du pécule la somme qui lui est due.

On va plus loin, et on donne à ce créancier le droit de déduction, alors même qu'à cause d'un affranchissement ou d'un legs pur et simple, il ne devient pas propriétaire de l'esclave ; et en effet, dit-on, quoiqu'il n'ait jamais été le maître de cet esclave, il s'est trouvé dans la même position que s'il l'eût été , ayant entre ses mains le pécule : il est donc présumé avoir retenu ce dont il était créancier (2).

III. Qui peut opérer la déduction.

48. Le maître peut déduire sur le pécule, non seulement ce qui lui est dû , mais encore ce qui est dû à ceux qui se trouvent sous sa puissance, à ses esclaves ou à ses fils de famille (3) ; car , en définitive, c'est lui qui est créancier, ses enfants ou ses fils ne faisant que détenir les droits qui lui appartiennent.

49. Il peut même déduire ce qui est dû aux personnes qui sont sous sa tutelle ou sous sa curatelle. Et en effet, s'il est censé s'être payé d'abord de tout ce qui lui est dû, on doit considérer aussi qu'il a exigé le paiement de tout ce qu'il était obligé à toucher sous sa responsabilité personnelle ; car cette responsabilité

(1) D. l. 11, § 3 de peculio.
(2) D. l. 9, § 3 de peculio.
(3) D. l. 9, § 3 de peculio.

fait qu'il a le même intérêt à toucher la créance de son pupille que la sienne propre (1). D'ailleurs, ajoute-t-on, le tuteur ou curateur est censé avoir exigé de lui-même, dès l'échéance, tout ce qu'il doit à son pupille. Pourquoi ne serait-il pas censé l'avoir exigé de son esclave? N'est-ce pas lui-même qui est débiteur, quand son esclave est obligé?

50. La déduction peut être opérée par celui qui est poursuivi *de peculio*, non seulement pour ce qui lui est dû personnellement, mais encore pour ce qui est dû à ceux qu'il représente.

Ainsi, l'action *de peculio* est-elle intentée contre l'un des associés dans la propriété d'un esclave? celui-ci peut assurément déduire du pécule ce qui est dû à son co-associé : car il est dans la nature du contrat de société que les associés se représentent mutuellement : celui qui est poursuivi peut être contraint de payer tout ce qui est dû par la société ; il est juste qu'en revanche il ait droit de réclamer tout ce qui est dû à la société (2). On dira de même que l'héritier du maître de l'esclave, poursuivi *de peculio*, fera déduction de tout ce qui était dû au défunt, parce que l'héritier représente son auteur.

50 *bis*. Mais si le maître a laissé plusieurs héritiers, chacun d'eux ne fera déduction que pour une part proportionnée à ce qu'il prend dans l'hérédité, de même qu'il ne pourra être poursuivi que pour cette part (3)

---

(1) D. l. 9, § 4 de peculio.
(2) D. l. 11, § 9 de peculio.
(3) D. l. 14, pr. et § 1 de peculio.

51. Si l'esclave a été vendu, et qu'on pourstiive l'a-
cheteur, celui-ci ne pourra pas déduire ce qui était
dû au vendeur; ni l'usufruitier ce qui est dû au nu-
propriétaire; ni le possesseur de bonne foi ce qui est
dû au maître (1); ni l'un des possesseurs de bonne
foi ce qui est dû à l'autre, ni l'un des usufruitiers, ce
qui est dû au co-usufruitier (2); car l'acheteur ne représente pas le vendeur, ni l'usufruitier le nu-propriétaire, ni le possesseur de bonne foi le maître, etc.

52. La déduction ne pourra même pas être exigée
par un associé de ce qui est dû à son co-associé, lorsque la société existe quant à la propriété de l'esclave,
sans exister quant au pécule. C'est ce qu'il est facile
de supposer.

Il peut arriver en effet, et c'est le cas le plus simple, que l'un des associés retire à l'esclave le pécule
qu'il lui avait concédé. Il est certain qu'alors ce qui
reste à l'esclave appartient au co-associé. Ou bien l'un
des associés a constitué un pécule à l'esclave, en déclarant que les valeurs affectées à ce pécule n'entreraient pas dans l'actif social : dans ce cas évidemment,
les valeurs péculiaires demeurent la propriété exclu-
sive de l'associé. L'esclave n'en a que l'administration : c'est, de la part de l'associé constituant, un
mode licite de tirer des services de l'esclave social.

Ou même l'associé ne constitue en pécule que des
créances, *in nominibus erit concessio;* le pécule reste
propre à l'associé, sans qu'une manifestation expresse

<hr>

(1) D. l. 13 de peculio.
(2) D. l. 13 de peculio.

de la volonté du constituant soit nécessaire : car les créances ne se transportent pas comme les autres biens. Les Romains ne connaissaient pas la cession des droits personnels ; ils n'arrivaient à changer le créancier que par des moyens détournés, comme un mandat. Le mandat n'a pas été donné ; la créance est donc restée au nom du premier créancier. Ou bien encore, l'un des associés a vendu sa part dans la propriété de l'esclave, sans vendre en même temps sa part dans le pécule ; il est certain que l'acquéreur n'a aucune propriété sur ce pécule, et ne peut pas, par conséquent, opérer déduction de ce qui est dû à son co-associé (1).

53. Il peut se présenter une autre hypothèse dans laquelle l'esclave et son pécule sont soumis aux droits de deux personnes ; c'est lorsqu'un esclave est apporté en dot par une femme.

Le mari est propriétaire de la dot, et par conséquent l'esclave et le pécule lui appartiennent ; mais la femme a sur la dot un droit éventuel qu'il importe de savoir combiner avec celui du mari. On a comparé le droit du mari à celui de l'usufruitier ; mais pour que cette comparaison soit exacte, il faut, à l'égard du mari, distinguer deux époques. Durant le mariage, le mari est propriétaire de la dot, la femme n'a aucun droit actuel sur les objets qui la composent : le mari est, par conséquent, soumis à toutes les actions *de peculio* qui existeraient contre un propriétaire ordinaire, quelle que soit d'ailleurs la cause de l'obligation con-

<hr>

(1) D. I. 16 de peculio.

tractée par l'esclave, et il peut déduire tout ce que l'esclave lui doit à un titre quelconque, comme pourrait déduire un propriétaire ordinaire. L'usufruitier, au contraire, ne peut pas déduire ce qui est dû au propriétaire (1), c'est-à-dire ce que l'esclave a acquis *ex re proprietarii*, il ne peut déduire que ce qui lui est dû à lui-même, soit *ex re suâ*, soit *ex operibus servi*. Réciproquement, il ne peut pas être poursuivi *de peculio*, à raison de ce que doit le nu-propriétaire, car il ne le représente pas (2). On admet pourtant que lorsque le créancier a poursuivi le propriétaire, à raison des dettes qui le concernent, et qu'il ne touche qu'une partie de ce qui lui restait dû, il peut actionner pour le reste l'usufruitier, qui est tenu, *ob rem*, comme détenteur de biens que le créancier a considérés comme son gage en contractant (3). Il faut néanmoins se garder de comparer le mari à l'usufruitier durant le mariage. La ressemblance n'existe entre eux que quant à la manière de contribuer aux dettes ; c'est donc à la dissolution du mariage, lorsque le mari est soumis à l'action en restitution de la dot que nous devons nous placer.

On peut considérer alors que l'esclave a un double pécule, ou au moins qu'il a un double compte à tenir de son pécule ; en effet, soit qu'il ait reçu expressément du mari un pécule, soit qu'il ait seulement conservé celui qu'il avait reçu de la femme, il a acquis

(1) D. l. 2 et l. 13 de peculio.
(2) D. l. ibid.
(3) D. l. 37. § 3 de peculio.

pour la femme *ex re feminis*, et pour le mari *ex re
mariti*, et *ex operibus suis*, exactement comme un esclave usufructuaire aurait acquis au nu-propriétaire,
ex re proprietarii, et à l'usufruitier *ex re fructuarii*,
ou *ex operibus suis*. Si donc le mari a été poursuivi *de
peculio* durant le mariage, et qu'il ait payé la totalité
de la dette contractée par l'esclave, il faudra voir
quelle était la cause de cette dette. Etait-elle dans
l'intérêt du mari? Celui-ci doit la supporter tout entière. Etait-elle à la fois dans l'intérêt des deux époux?
Ils en supporteront chacun une part proportionnée à
l'avantage qu'ils ont tiré. Etait-elle seulement dans
l'intérêt de la femme? Le mari devra être remboursé
de son avance. Mais, si le mari, au lieu de payer le
créancier intégralement, a fait sur le pécule une déduction, on examinera quelle était la cause de la
créance dont il a opéré la déduction ; on recherchera
si elle était née *ex re feminis* ou *ex re mariti*, et suivant son origine, on décidera que le mari doit ou non
indemniser sa femme de la déduction qu'il a faite (1).

Ces recours n'auront pas lieu, au moins en général,
entre l'usufruitier et le nu-propriétaire, parce que,
durant l'usufruit, l'usufruitier n'aura pas pu être
poursuivi *in solidum*, ni faire la déduction de ce qui
est dû au nu-propriétaire ; mais la contribution de
l'usufruitier est la même que celle du mari.

On peut remarquer encore un point particulier à
l'usufruit, c'est que l'usufruitier lui-même d'un esclave peut avoir l'action *de peculio* contre le nu-pro-

(1) D. l. 19, § 1 de peculio.

priétaire, soit qu'il n'ait entre les mains qu'une fraction du pécule, soit que le pécule entier soit resté au nu-propriétaire.

54. L'un des copropriétaires d'un esclave peut aussi avoir un recours contre son copropriétaire, lorsque, étant créancier de son esclave, il ne lui avait pas concédé de pécule ; mais, dans ce cas, ce n'est pas l'action *de peculio* qu'il aura contre son copropriétaire, c'est l'action *pro socio*, ou l'action *communi dividundo*, suivant qu'il y a ou qu'il n'y a pas entre eux de société (1).

IV. De la déduction des choses dues par les vicaires.

55. Plusieurs questions se présentent au sujet des dettes contractées par les vicaires, soit vis-à-vis du maître, soit vis-à-vis de l'esclave *ordinarius*. Il faut, pour les résoudre, constater d'abord que le pécule des vicaires est compris comme les vicaires eux-mêmes dans le pécule de l'*ordinarius*, mais que le pécule de l'*ordinarius* ne doit pas être confondu avec celui des vicaires, quant aux dettes contractées par ceux-ci (2).

Ce double point admis, on n'hésite plus à décider que le maître peut déduire du pécule du vicaire ce qui lui est dû par l'*ordinarius*, puisque le pécule du vicaire fait partie intégrante du pécule de l'*ordinarius*, et qu'au contraire il ne peut pas déduire du pécule de l'*ordinarius* ce qui lui est dû par le vicaire. Si donc un maître affranchit son esclave par testament, et lui lègue son pécule, cet esclave ne sera obligé de

(1) D. l. 19, § 2, l. 20 de peculio.
(2) D. l. 17, ibid.

tenir compte aux héritiers des dettes contractées par son vicaire vis-à-vis de son maître, qu'autant que ce vicaire a eu un pécule, et jusqu'à concurrence de ce pécule (1).

56. Une question plus délicate est celle de savoir si le maître peut déduire du pécule des vicaires ce qui est dû par eux à l'*ordinarius*. La négative séduit au premier abord, parce qu'il paraît bizarre que le maître puisse déduire ce qui ne lui est pas dû.

Il faut toutefois admettre l'affirmative ; et, en effet, dans quelles circonstances la question se présente-t-elle ? Un ou plusieurs créanciers poursuivent le maître *de peculio*, à raison des dettes du vicaire ; si le maître ne fait pas la déduction, l'*ordinarius* la fera, et les créanciers du vicaire devront la subir. Or, que ce soit le maître ou l'*ordinarius* qui fasse la déduction, n'est-ce pas exactement la même chose ? car l'*ordinarius*, quelle que soit sa position vis-à-vis du vicaire, n'est toujours qu'un esclave vis-à-vis de son maître, et tout ce qu'il acquiert est acquis à ce dernier.

D'ailleurs, si le vicaire au lieu d'être débiteur de son *ordinarius*, était débiteur d'un de ses autres co-esclaves n'ayant pas de pécule, personne ne doute que le maître puisse faire la déduction ; or, la position du maître est la même dans les deux cas ; et le fait que l'esclave créancier du vicaire est l'*ordinarius* de ce vicaire, ne peut pas détruire son droit.

57. Cette solution, qui est celle d'*Ulpien* dans la

(1) D. 1. 18, de peculio.

loi 17 *de peculio*, semble pourtant en contradiction avec un autre texte du même jurisconsulte (1).

Mais la contradiction n'est qu'apparente : Ulpien, en effet, suppose dans la loi 5, p. une circonstance toute particulière. L'*ordinarius* connaissait l'opération à laquelle s'était livré son vicaire, et était, en conséquence, tenu *de tributoria actione*. N'ayant pas de déduction à faire lui-même, on comprend que le maître, qui n'est créancier que par lui, n'ait pas pu faire la déduction en son nom. Cette circonstance n'est pas prévue par la loi 17.

58. Quant à la dette de l'*ordinarius* au vicaire, elle ne peut pas plus être prélevée sur le pécule de l'*ordinarius*, que la dette du maître à l'esclave ne pourrait l'être sur le patrimoine du maître. Puisque le pécule de l'*ordinarius* absorbe celui du vicaire et le vicaire lui-même, la somme que prélèverait le vicaire pour la faire entrer dans son pécule, ne sortirait pas pour cela du pécule de l'*ordinarius*, et serait, par conséquent, soumise comme telle aux poursuites des créanciers de celui-ci (2).

Mais le pécule des vicaires n'en est pas moins accru par la créance contre l'*ordinarius*, comme celui de l'esclave par la créance contre le maître (3). Et par conséquent les créanciers du vicaire pourront la comprendre dans leur action *de peculio*.

(1) D. l. 5, pr. de tribut. actione.
(2) D. l. 17, de peculio.
(3) D l. 7, § 6 de peculio.

§ V.

Sur quels biens porte l'action DE' PECULIO.

60. Quand un créancier intente l'action *de pecu-lio*, il comprend dans son action non seulement ce qui se trouve en réalité dans le pécule, mais encore ce qui devrait s'y trouver.

Ainsi, si un objet du pécule avait été soustrait de la masse péculiaire, le créancier n'aurait pas moins le droit de le compter dans cette masse (1).

On compte encore dans le pécule tout ce que le maître en a détourné en fraude des créanciers, soit en disposant lui-même de ces valeurs au profit d'autres personnes, soit en laissant l'esclave les dissiper folle-ment (2).

61. Mais si le pécule a été détourné par le tuteur ou le curateur du maître fou ou impubère, le maître sera-t-il responsable de ces détournements dans l'action *de peculio ?*

On distingue si le tuteur est ou non solvable : s'il est solvable, le maître sera responsable, et il n'y a pas à cela d'injustice, puisqu'il a un recours contre son tuteur, et qu'il peut même se libérer envers le créancier en lui cédant l'action qu'il a contre son tuteur. Mais si celui-ci est insolvable, on favorisera le pupille aux dépens des créanciers. On répugne à imposer une res-ponsabilité à une personne qui est hors d'état de soi-gner ses propres affaires (3).

(1) D. 1. 53 de peculio.
(2) D. 1. 21, pr. de peculio.
(3) D. 1. 21, § 1 de peculio.

62. On décide de même que l'acheteur n'est pas tenu du dol du vendeur, ni l'héritier ou tout autre successeur, du dol de son auteur, car l'action de dol est toute personnelle ; mais il est certain que l'acheteur ou l'héritier seraient tenus *de in rem verso*, si le dol avait tourné à leur profit (1).

63. La responsabilité du maître qui a diminué le pécule par son dol le met dans la même position que si le pécule avait été conservé dans son intégrité.

Il sera donc admis à opérer des déductions comme sur le pécule lui-même, si l'esclave lui devait quelque chose, et lorsqu'il aura été condamné envers un créancier pour tout ce qu'il a détourné, il repoussera avec succès la demande des autres créanciers (2).

Il faut remarquer que le maître est responsable de son dol, à quelque moment que ce dol ait été commis, fût-ce après *la litis contestatio*, car le préteur insérait dans sa formule cette exception : *si in ea re nihil dolo malo factum sit neque fiat* (3).

64. Le maître n'a pas, quand il est actionné *de peculio*, comme lorsqu'il est sous le coup d'une action noxale, la faculté de se soustraire aux poursuites en abandonnant l'esclave ; il doit répondre à l'action comme s'il était personnellement obligé. Son refus serait inutile (4).

(1) D. l. 21, § 2 de peculio.
(2) D. l. 26, de peculio.
(3) D. l. 21, § 3 de peculio.
(4) D. l. 22, § 4 de peculio.

§ VI.

De l'imputation à laquelle est soumis le créancier qui agit DE PECULIO.

65. Quand un créancier poursuit le maître de l'esclave péculiaire, il doit évidemment retrancher de son action les sommes qu'il a touchées et celles dont il a fait ou dont il est présumé avoir fait la remise, et tenir compte de toutes les causes de compensation avec sa créance.

Ainsi lorsque le vendeur d'un esclave a conservé tout ou partie du pécule, cette fraction du pécule est soumise à l'action des créanciers antérieurs à la vente, et elle tient lieu de paiement au vendeur dans ses rapports avec l'acheteur, jusqu'à due concurrence, pour tout ce qui lui était dû par son esclave.

Le vendeur devra donc, s'il poursuit l'acheteur *de peculio*, à raison des dettes de l'esclave antérieures à la vente, retrancher de son action ce qu'il a gardé du pécule ; mais il faut bien remarquer que le pécule conservé par le vendeur est tout à fait étranger aux dettes contractées par l'esclave depuis la vente.

A partir de ce moment, le vendeur n'est plus à l'égard de l'esclave qu'un étranger. Si donc l'esclave devient débiteur du vendeur, celui-ci pourra agir *de peculio* contre l'acheteur, sans qu'on puisse le forcer à aucune imputation en raison de ce qu'il a gardé du pécule ; et si l'esclave s'engage envers des tiers, ces

nouveaux créanciers n'ont pas d'action contre le vendeur (1).

VII.

Contre qui est donnée l'action DE PECULIO.

66. Lorsqu'un maître a vendu son esclave avec le
pécule, les créanciers ont désormais deux actions :
l'une qui est annale contre le vendeur, l'autre qui est
perpétuelle contre l'acheteur. Cette seconde action
n'est pas subordonnée à la condition que le nouveau
maître maintiendra l'esclave en la possession de son
pécule. Peu importe au contraire que l'esclave ait un
pécule ou n'en ait pas, l'acheteur a entre les mains le
pécule qui faisait le gage des créanciers ; il est tenu
ob rem, sur ce pécule, quelle que soit la destination
qu'il lui a plu de lui donner (2).

67. Les créanciers ont donc le choix de poursuivre
l'acheteur ou le vendeur ; ils peuvent même, selon leur
gré, les poursuivre ou chacun pour le tout, ou chacun
pour partie (3). Cependant, ce dernier point n'était
pas universellement admis ; quelques jurisconsultes
pensaient, ce qui semble plus équitable, que les
créanciers ne pouvaient pas spontanément diviser leur
action, et que c'était seulement après avoir poursuivi
l'un des défendeurs, vendeur ou acheteur, qu'il était
permis aux créanciers, dans le cas où ils n'auraient

(1) D. l. 38, § 3 de peculio. — D. l. 47, § 5 cod tit.
(2) D. l. 27, § 2 de peculio.
(3) D. l. 27, § 3 de peculio.

obtenu qu'une partie de leur créance, de poursuivre l'autre *in reliquum* (1).

68. Le créancier d'un esclave appartenant en commun à plusieurs, a également le droit de diriger ses poursuites contre tel ou tel des co-associés dans la propriété de l'esclave.

Ce n'est pas, comme paraît le dire Gaïus, qu'il soit injuste de forcer celui qui a contracté avec une seule personne, à diviser son action, et à avoir ainsi plusieurs débiteurs au lieu d'un, car c'était au créancier à s'enquérir de la situation de l'esclave avec lequel il contractait; et il a dû savoir qu'il appartenait à plusieurs maîtres: d'ailleurs, si les copropriétaires de l'esclave n'étaient pas associés, s'il n'y avait entre eux qu'une simple communauté, ou si le maître de l'esclave étant mort, avait laissé plusieurs héritiers, dont chacun aurait recueilli une partie du pécule, il faudrait bien que le créancier, quoiqu'il eût contracté avec un seul, divisât son action entre les propriétaires communistes ou les cohéritiers (2).

Le droit pour le créancier d'exercer son action *in solidum*, tient donc au caractère de la société, qui veut que chacun des associés soit tenu de la totalité des dettes sociales.

Mais l'associé pourrait se libérer, en payant sa part contributoire dans la dette, et en cédant pour le reste son action *pro socio* contre ses coassociés (3).

(1) D. l. 47, § 3 de peculio.
(2) D. l. 50, § 1 de peculio.
(3) D. l. 51, de peculio.

Il est bien entendu, d'ailleurs, que l'action n'est maintenue *in solidum* qu'autant que le pécule ferait partie de l'actif social ; car si la société ne portait que sur la propriété de l'esclave lui-même, l'action *de peculio* ne pourrait être intentée que contre le propriétaire du pécule, et pour sa part, s'il n'a droit qu'à une partie (1).

69. L'acheteur d'un esclave peut avoir une action contre le vendeur, à raison des dettes que cet esclave avait contractées vis-à-vis de lui avant la vente. Mais s'il a acheté le pécule avec l'esclave, il devra dans son action contre le vendeur défalquer tout le montant du pécule qu'il a touché ; car, à moins qu'il n'y ait eu un prix spécialement déterminé pour le pécule, on considérera que ce pécule est abandonné à l'acheteur, en paiement de ce qui lui était dû (2).

70. Mais le vendeur pourra-t-il avoir une action contre l'acheteur à raison des dettes antérieures à la vente?

Non; et cela, soit que le vendeur fût devenu créancier à un moment où il était déjà propriétaire de l'esclave, soit qu'il le fût devenu avant d'être son maître (3).

Et, en effet, si l'esclave a été vendu sans le pécule, on considère que le maître a retenu le pécule en paiement de ce qui lui était dû.

S'il a été vendu avec le pécule, le maître est censé

(1) D. 1. 27, § 8 de peculio.
(2) D. 1. 27, § 6 de peculio. — D. 1. 17, § 4 eod tit.
(3) D. 1. 27, § 4 et 5 de peculio.

avoir renoncé à sa créance, en abandonnant son gage; on peut même dire que la créance de maître à esclave n'existant pas dans le droit, mais étant un simple rapport de fait (1 , ne peut donner lieu à aucune action.

Seulement, comme le contrat de vente est un contrat de bonne foi, si le vendeur s'est dessaisi du pécule entier, par erreur, le préteur lui accorde l'action *vendeti* ou même la *condictio indibiti* : c'est l'hypothèse de la loi, 11, § 7.

71. Si un maître affranchit son esclave par testament, et qu'il ait institué héritier des créanciers de cet esclave, quelle sera la position de ces créanciers vis-à-vis l'un de l'autre, relativement à leur créance?

Si le pécule est indivis entre eux, ils pourront, par l'action *communi dividundo*, se faire tenir compte, réciproquement, de leurs droits. Si le pécule avait été l'objet d'un préciput en faveur de l'un d'eux, les autres auraient contre lui l'action *de peculio;* et nous pensons que l'héritier préciputaire aurait le droit de déduction (2).

72. Le vendeur ne demeure soumis à l'action des créanciers que lorsqu'il a conservé le pécule ou un équivalent; par exemple, lorsqu'ayant vendu l'esclave avec son pécule, il a stipulé un prix spécial pour le pécule (3).

Mais, s'il n'y a eu qu'un seul prix pour l'esclave

1) D. l. 41, de peculio.
(2) D. l. 29, pr. de peculio.
(3) D. l. 33 de peculio.

et le pécule, ce prix ne peut pas être considéré comme la représentation du pécule : le vendeur sera donc à l'abri des poursuites des créanciers (1).

73. Primus et Secundus étaient associés dans la propriété d'un esclave : Primus vend sa part à Secundus, et fait ainsi cesser la société.

Des créanciers antérieurs à la vente poursuivent Secundus : celui-ci est évidemment tenu *in solidum* ; mais aura-t-il un recours contre Primus, pour lui faire supporter une part de la dette, proportionnée à sa part dans le pécule de l'esclave.

Il faut distinguer :

Si Primus n'a pas conservé son pécule, s'il a tout vendu à Secundus, il est déchargé de toute contribution aux dettes.

Mais s'il a conservé le pécule, il faut faire une nouvelle distinction, et voir à quelle époque Secundus prétend exercer son recours.

Est-ce après l'expiration de l'année utile ? Sa prétention est vaine : car Primus est désormais à l'abri des poursuites des créanciers péculiaires. Est-ce durant le délai annal ? Secundus a droit au recours, car le créancier pouvait à son choix poursuivre le vendeur ou l'acheteur (2).

74. Un esclave que je possédais de bonne foi a emprunté de l'argent qu'il m'a donné pour prix de son affranchissement.

Je l'ai affranchi.

(1) D. l. 52, § 2 de peculio.
(2) D. l. 37, § 2 de peculio.

Le créancier demande contre qui il pourra exercer l'action *de peculio*, pour se faire rembourser la somme prêtée.

C'est le véritable propriétaire qui sera soumis à l'action. Et en effet, après avoir observé que l'affranchissement est nul, comme n'émanant pas du véritable propriétaire, interrogeons les principes relatifs à la possession de bonne foi, et nous verrons que l'esclave acquiert pour son maître tout ce qu'il n'acquiert ni *operibus suis*, ni *ex re possessoris*. Or la somme qu'il a empruntée ne l'a été ni a l'occasion de son travail ou de son industrie, ni au moyen d'une chose appartenant au possesseur. Cette somme est donc acquise au vrai propriétaire, et, par conséquent, est due par lui. A la vérité, la somme n'a pas été touchée par le propriétaire, elle est entre les mains du possesseur de bonne foi; mais cette circonstance, qui donnera lieu à une action *ad exhibendum* du propriétaire contre le possesseur, ne peut apporter aucune modification au droit du créancier ; et il est évident que celui-ci ne peut agir que contre la personne qui est devenue propriétaire de l'argent qu'il a prêté; or cette personne est le vrai propriétaire de l'esclave (1).

75. Lorsque le maître contre lequel on pouvait agir *de peculio*, s'est donné en adrogation, peut on poursuivre l'adrogeant ?

La question était controversée parmi les jurisconsultes romains : Les Sabiniens se prononçaient pour la négative, et nous croyons que leur décision était

(1) D. l. 50, § 3 de peculio.

conforme à la rigueur des principes ; car l'adrogation faisant subir à l'adrogé une *capitis minutio*, éteignait toutes les obligations dont il pouvait être chargé ; mais il n'y avait dans l'adrogation aucun fait qui pût grever l'adrogé des dettes qui n'avaient été contractées ni par lui-même ni en son nom. Ce ne serait qu'une action utile qui pourrait être donnée contre lui, sauf réserve des principes qui ont été admis plus tard sur le pécule *adventice* (1).

76. Si le maître contre lequel j'ai intenté l'action *de peculio* vend son esclave après la *litis contestatio* et avant le jugement, et que cet esclave acquière chez son nouveau maître des biens qui augmentent son pécule, on devra comprendre dans la condamnation que j'obtiendrai contre ce maître vendeur, les biens nouvellement acquis par l'esclave, car il ne devait pas faire la vente, et s'il ne l'avait pas faite, j'aurais profité de tous les accroissements du pécule (2).

77. Quand un maître affranchit un esclave, et qu'il ne lui retire pas son pécule, son silence est regardé comme une concession tacite du pécule. L'esclave devient donc propriétaire des valeurs péculiaires ; il est soumis aux actions des créanciers. Mais la concession tacite ne suffit pas pour lui donner le droit de poursuivre les débiteurs ; il faudra pour cela que le maître lui ait cédé les actions en le constituant *procurator in rem suam* (3).

(1) D. l. 42 de peculio.
(2) D. l. 45 de peculio.
(3) D. l. 53 de peculio.

78. Un maître a légué par préciput à l'un de ses héritiers un ou plusieurs fonds garnis de leurs esclaves et de tous les instruments nécessaires à l'exploitation.

Ces esclaves étaient débiteurs de leur maître : On demande si les héritiers du prélégataire peuvent agir *de peculio* contre ce dernier.

L'affirmative paraît devoir triompher au premier abord : car les héritiers succèdent chacun pour leur part aux créances de leur auteur.

Il faut pourtant refuser aux héritiers l'action *de peculio*. Et, en effet, nous avons vu précédemment (loi 41, *hoc. tit.*), qu'il ne pouvait y avoir aucune créance proprement dite de maître à esclave, mais seulement des rapports de fait, qu'on qualifie de créances par un abus de langage.

Ces rapports, n'étant pas de véritables droits, ne peuvent pas engendrer d'action (1).

§ VIII.

Des effets de l'action de peculio.

79. Le créancier qui agit *de peculio* n'est pas toujours enfermé dans les limites du pécule. Nous avons vu en effet qu'il peut obtenir non-seulement ce qui se trouve effectivement dans la masse péculiaire, mais encore tout ce qui devrait s'y trouver sans le fait frauduleux du maître.

Ainsi le maître a-t-il fait quelque soustraction, dé-

(1) D. l. 51 et 58 de peculio.

tient-il la chose qui est demandée? il est tenu de la restituer en totalité, sans pouvoir objecter que le pécule
est d'une valeur inférieure à cette chose.

80. Si, au moment où l'on intente l'action *de peculio*, au moment de la *litis contestatio*, le pécule est
entièrement absorbé, ou contient peu de choses, et
qu'il se soit accru lors du jugement, la condamnation
pourra-t-elle porter sur tout le pécule actuel, ou devra-t-elle se restreindre aux objets qui y étaient compris dans l'origine ?

Il ne faut pas hésiter à adopter le premier parti : la
litis contestatio ne saurait avoir pour effet de limiter
à tel ou tel objet le droit du créancier.

Elle opère, à la vérité, novation de la créance ; mais
si elle donne une nouvelle cause à cette créance, elle
ne lui donne pas la fixité qui lui manquait, elle ne l'empêche pas d'être une créance *de peculio*, et de suivre
toutes les variations éprouvées par le pécule qu'elle a
pour gage (1).

81. La mort de l'esclave péculiaire est encore un
événement qui, s'il n'agit pas directement sur la
créance, l'affecte au moins indirectement, en fixant
d'une manière définitive la valeur du pécule.

En effet, la masse particulière cesse d'avoir le caractère de pécule dès que, par suite de la mort de l'esclave, elle vient se confondre dans le patrimoine du
maître. Elle prend donc, à partir de ce moment, un
caractère déterminé, et ne peut plus être l'objet d'ac-

(1) D. 1. 30, pr. de peculio.

croissement ou de diminution dont sont seules susceptibles les personnes morales (1).

82. Si le créancier a institué héritier le maître contre lequel il avait l'action *de peculio*, la valeur du pécule se détermine au moment de sa mort, car c'est à
ce moment que les choses de l'hérédité, et par conséquent les créances qui en font partie, se calculent
d'après la loi Falcidie.

Ainsi donc le maître, héritier institué, devient créancier de son propre esclave, et pourra désormais opérer
sur le pécule une déduction quand il sera poursuivi du
chef de son esclave; mais cette déduction, il ne pourra
l'opérer que pour la somme à laquelle sa créance
aura été fixée à la mort de son auteur, en raison de la
valeur du pécule à ce moment (2).

83. La *litis contestatio*, tout en opérant novation,
comme nous l'avons dit plus haut, n'éteint pas pour
cela l'obligation naturelle de l'esclave ; il s'ensuit que
si un fidéjusseur s'oblige dans ces circonstances pour
garantir la dette de l'esclave, ou si celui-ci acquitte
cette dette, la fidéjussion et le paiement seront valables (3).

84. Lorsqu'un créancier a déjà agi *de peculio*, et
a obtenu une fraction de ce qui lui était dû, pourra-t-
il, si plus tard le pécule s'est accru, intenter de nouveau son action ?

Nous distinguerons : l'action intentée par le créan-

<hr>

(1) D. l. 57, pr. de peculio.
(2) D. l. 50, § 1 de peculio.
(3) D. l. 50, § 2 de peculio.

cier était-elle *imperio continens?* Rien n'empêchera qu'elle soit exercée deux ou plusieurs fois jusqu'à parfait paiement ; car, dans ce cas, le jugement n'opère pas novation (1).

Mais si l'action était un *judicium legitimum*, le droit est définitivement établi, à moins que le créancier n'ait eu le soin de faire insérer dans la formule une prescription restrictive : *ea res agatur*, etc.

Quoi qu'il en soit, il ne sera jamais permis au créancier d'exiger dans l'instance *de peculio* que le maître lui fournisse une caution relativement aux accroissements postérieurs du pécule ; une pareille garantie se comprend quand elle est fournie par un débiteur qui est tenu *in solidum ;* mais elle dépasserait l'obligation de celui qui n'est tenu qu'à abandonner ce qui se trouve dans le pécule de son esclave (2).

85. Si le créancier a poursuivi l'un des héritiers du maître de l'esclave, et qu'il n'ait obtenu de cet héritier que le paiement de sa part dans la dette , pourra-t-il poursuivre les autres pour le surplus ?

La question est analogue à la précédente ; nous la résoudrons donc de la même manière.

Si l'action était de nature à entraîner novation, si la dette a été complètement éteinte par la *litis contestatio,* quelque minime que soit la fraction obtenue par le créancier, il a perdu le droit de poursuivre les autres héritiers.

Mais si le créancier a fait ajouter la prescription

(1) D. 1. 30, § 4 de peculio.
(2) D. 1. 47, § 2 de peculio.

dont nous avons parlé, ou si l'action était *imperio continens*, le droit est conservé.

Il paraît que le préteur allait plus loin. Il donnait secours au créancier dont l'action était éteinte dans le droit strict, en faisant revivre cette action par une fiction : le préteur supposait qu'elle n'avait jamais été exercée, et il délivrait la formule comme pour la première fois.

Mais la fiction ne servait qu'à donner lieu à la délivrance de la formule : elle ne produisait pas des effets absolus ; et quoique ce fût censé l'ancienne action qu'on intentait, on envisageait le pécule d'après sa consistance actuelle, et non d'après celle qu'il avait lors de la première action (1).

§ IX.

Quand l'action de peculio est annale.

86. L'action *de peculio* est perpétuelle, c'est-à-dire que le créancier auquel elle appartient n'est pas enfermé dans un délai fatal pour l'exercer.

Mais ce caractère de perpétuité n'existe qu'autant que dure le pécule : or le pécule cesse d'exister en tant que pécule entre les mains du prétendu maître, lorsque le fils ou l'esclave deviennent *sui juris*, ou passent sous une nouvelle puissance (2).

Ainsi, quand le fils a été émancipé, quand l'esclave

(1) D. 1. 32, pr. et § 1 dé peculio.
(2) D. 1. 1, § 1, quando de peculio annalis.....

a été vendu, donné, affranchi, ou que l'usufruit dont il était l'objet a pris fin (1) ; quand le fils ou l'esclave sont morts, ou qu'étant prisonniers de guerre, il est devenu certain qu'ils ne pourront pas jouir du postliminium (2), le père, le maître ou l'usufruitier cessent d'être soumis à l'action perpétuelle *de peculio*.

Néanmoins, lorsque le frère ou le maître, ou leurs héritiers, conservent entre leurs mains le pécule, il ne serait pas juste que l'évènement qui a fait sortir le fils ou l'esclave de leur puissance, les mît brusquement à l'abri des poursuites des créanciers, et que ceux-ci ne pussent porter aucun remède à la subite extinction de leurs droits.

Aussi le préteur a-t-il permis aux créanciers d'intenter l'action *de peculio*, même après l'extinction du pécule par la sortie de l'esclave ou du fils de la puissance du maître ou du père, pourvu que les valeurs péculiaires soient restées entre les mains de ceux-ci, et que les créanciers agissent dans le délai d'un an (3).

87. Quel sera le point de départ de ce délai ? Ce sera le moment auquel le pécule s'est éteint, si à ce moment les créanciers pouvaient intenter l'action. Et dans le cas contraire, le délai ne courra que *quô primum experiendi potestas erit.*

Si donc un créancier avait un droit conditionnel, et que la condition ne se soit accomplie qu'après l'ex-

---

(1) D. l. 1, § 4, 5, 6 et 9 quando, etc.
(2) D. l. 2, § 1 ibid.
(3) D. l. 1, § 3, pr. ibid.

tinction du pécule, c'est seulement à partir de l'événement de la condition que courra l'année.

88. Cette année sera *utile*, c'est-à-dire qu'on ne comptera pas dans le délai les jours où on ne rend pas la justice (1).

89. Le délai est d'un an, lorsque durant l'existence du pécule, l'action *de peculio* était perpétuelle. Mais si l'action était déjà temporaire à cette époque, à cause de sa nature particulière ; s'il s'agissait, par exemple, d'une action rédhibitoire, dont la durée avait été fixée à six mois par les édiles, il serait absurde de lui donner, lorsqu'elle n'existe plus qu'*humanitatis causâ*, une durée plus longue que celle qu'elle avait pendant son existence normale (2). Aussi décidera-t-on qu'après l'extinction du pécule, l'action ne peut plus être exercée que pendant six mois.

90. Le pécule est éteint, avons-nous dit, par l'événement qui fait cesser la puissance du père ou du maître ; néanmoins les valeurs péculiaires, qui restent entre les mains de ceux-ci, sont soumises aux régles du pécule, pour les accroissements et les diminutions pendant tout le délai d'un an.

Et en effet, si, en réalité, le pécule n'existe plus, il est censé cependant s'être conservé à l'égard des créanciers antérieurs à son extinction (3).

91. Les régles que nous venons d'indiquer ne sont vraies, que lorsque le père ou le maître ont conservé

(1) D. l. 1, § 2, quando, etc.
(2) D. l. 2, pr. ibid.
(3) D. l. 3, ibid.

le pécule. Mais si le pécule a passé au nouveau père de famille ou au nouveau maître , l'action *de peculio* peut être donnée contre eux, et elle continue à être perpétuelle.

Ainsi un maître a vendu son esclave avec le pécule pour un seul prix : il est désormais à l'abri de toute action, même durant l'année. C'est l'acheteur seul qui pourra être poursuivi ; et il pourra l'être perpétuellement.

91 *bis.* Un père émancipe son fils avec toute sa famille, et lui donne le pécule de ses petits enfants : le père se soustrait ainsi à la poursuite des créanciers : c'est le fils émancipé qui est désormais exposé à l'action perpétuelle *de peculio.*

Si le père ou le maître sont morts , leurs héritiers, recueillant à la fois et le pécule et la puissance sur le fils ou l'esclave, seront tenus aussi perpétuellement *de peculio.*

92. Si un maître a légué son esclave sans son pécule, l'héritier sera tenu *de peculio* durant l'année, comme en serait tenu le maître lui-même s'il avait aliéné son esclave par un acte entre-vifs. Quant au légataire, il ne pourra pas être poursuivi, puisque le gage de ces créanciers, le pécule, ne lui est pas parvenu.

93. Si ce maître avait légué à la fois le pécule et l'esclave à la même personne, le légataire serait évidemment tenu *de peculio.*

Mais s'il avait légué le pécule à l'un et l'esclave à l'autre, on demande quelle serait la position de l'hé-

ritier, du légataire du pécule, et du légataire de l'esclave?

Quant au légataire de l'esclave, il est certain qu'il
ne pourra pas être poursuivi, par les raisons que nous
venons de donner plus haut.

Le légataire du pécule ne pourra pas non plus être
inquiété par les créanciers, car à son égard le pécule
est un ensemble de biens comme un autre, dont le
maître avait parfaitement le droit de disposer.

Mais l'héritier sera tenu *de peculio*, par ce motif
assez subtil, qu'il a été en possession du pécule jusqu'à
ce qu'il ait opéré la tradition en faveur du légataire;
mais il n'en sera tenu que pour un an.

L'héritier fera donc sagement, de forcer le légataire
du pécule, au moment de la tradition du legs, à lui
fournir caution de l'indemniser, s'il est plus tard poursuivi par les créanciers (1).

94. Si l'héritier, légataire préciputaire de l'esclave
et de son pécule, est obligé de restituer l'hérédité par
fidéicommis, et qu'il soit ensuite poursuivi *de peculio,*
pourra-il repousser l'action dirigée contre lui, au
moyen de l'exception du sénatus-consulte Trébellien?

Évidemment non : car il est tenu *de peculio* non
pas comme héritier, mais comme maître de l'esclave
et détenteur du pécule, il est tenu *ob rem.* Quant au
fidéicommissaire; il sera à l'abri de l'action des créanciers péculiaires, puisqu'il n'a succédé à aucune partie
du pécule (2).

(1) D. l. 1, § 7, quando, etc.
(2) D. l. 1, § 8, quando, etc.

95. Enfin, il faut remarquer que l'exception tirée de l'expiration de l'année utile, ne portant pas atteinte à la validité du droit du créancier, n'empêche pas que celui-ci puisse intenter de nouveau son action, s'il s'aperçoit que la déchéance qu'il a encourue était fondée sur une erreur de fait. Ainsi, l'esclave débiteur passait pour mort; un de ses créanciers intente contre le maître l'action *de peculio*, qui, dans cette circonstance, est annale. Il succombe parce qu'il a laissé passer le délai fatal; si plus tard on apprend que l'esclave qu'on a cru mort existe encore, ce créancier pourra former de nouveau sa demande; car le motif qui l'a fait écarter était faux : mais si la demande du créancier avait été rejetée pour toute autre cause que l'expiration du délai, une nouvelle tentative serait infructueuse de sa part.

Si, par exemple, au lieu d'agir *de peculio*, il avait agi *de in rem verso*, et qu'il eût été repoussé, son échec n'eût pas tenu à l'expiration du délai, puisque l'action *de in rem verso* est perpétuelle; et, par conséquent, le fait que l'esclave existe encore, ne peut pas lui donner le droit de renouveler son action.

X.

De l'action de in rem verso.

96. L'action *de peculio* comprend inévitablement l'action de *in rem verso*. Ainsi, soit que la formule de l'action fût double, comme le veut Gaïus (1), et qu'elle

(1) Gaïus, com. 4 § 73.

tendit à obtenir une condamnation sur un double gage ; ce qui a tourné au profit du maître et les valeurs comprises dans le pécule; soit que la formule se rapportât seulement au pécule, le *de in rem versum* , formant une dette du maître envers son esclave, constitue une valeur péculiaire, et est virtuellement compris dans l'action *de peculio.* C'est en ce sens qu'on peut dire avec raison que l'action *de peculio,* et l'action *de in rem verso,* ne sont pas à proprement parler deux actions, et sont plutôt les deux chefs d'une même demande.

Mais l'action *de in rem verso* peut aussi s'exercer séparément sans être rattachée à la formule *de peculio* ; de cette manière, elle produit des effets tout autres que dans le premier cas.

I. Des effets de l'action *de in rem verso.*

97. L'action *de in rem verso* ne fait pas double emploi avec l'action *de peculio* , car elle est donnée dans le cas où celle-ci fait défaut. Ainsi, si l'on suppose que l'esclave qui a contracté n'a aucun pécule, soit que le maître le lui ait enlevé, soit qu'il ne lui en ait jamais constitué, le créancier aura besoin de l'action de *in rem verso,* sans laquelle son droit serait paralysé entre ses mains. Si le créancier a laissé passer l'année utile qui a suivi la mort ou l'affranchissement de l'esclave, il a perdu l'action *de peculio* dont la durée est limitée à un an, mais il conserve l'action *de in rem verso* qui est perpétuelle (1).

(1) D. I. 1, § 1, de in rem verso.

Cette action est encore utile au créancier qui a conservé le droit d'agir *de peculio*. Ainsi, quand deux créanciers sont en présence pour agir *de peculio*, celui dont la chose a tourné au profit du maître, a grand intérêt à user de l'action spéciale de *in rem verso*, car au moyen de cette action, il obtiendra plus que son créancier (1).

Il est vrai que le maître, qui est poursuivi *de peculio*, doit tenir compte de tout ce dont il s'est enrichi aux dépens du pécule, comme cela résulte implicitement du § 2 de la loi 1 *hoc titulo :* mais, par l'action *de peculio*, les créanciers n'ont droit à ces valeurs que comme à des valeurs péculiaires ; par conséquent, ils partagent au marc le franc, tandis que, par l'action *de in rem verso*, le créancier, dont la chose a enrichi le maître, *is cujus pecunia in rem versa est*, est préféré à ses créanciers, et obtient une plus large part, *uberiorem actionem habet*.

98. On considère qu'il y a lieu à l'action *de in rem verso*, en faveur d'un créancier, non-seulement lorsque la chose même que l'esclave a reçue de ce créancier, est entrée dans le patrimoine du maître, ou a servi à un usage utile pour lui, mais encore lorsque cette chose a été la cause immédiate et indirecte d'un profit pour le maître.

Ainsi, un esclave emprunte du blé pour subvenir aux besoins de la maison de son maître, c'est notre première hypothèse : nul doute que dans ce cas, il y ait lieu à l'action *de in rem verso*. Mais il y aura

____

(1) D. 1. 1. § 2. de in rem verso.

encore lieu à cette action au profit du préteur, lorsque l'esclave lui ayant emprunté de l'argent, a employé cet argent à acheter du blé destiné à l'usage de son maître et de sa famille (1).

D'où l'on peut tirer cette règle, que pour qu'il y ait lieu à l'action *de in rem verso* en faveur d'un créancier, il faut et il suffit que la chose de ce créancier ne se soit pas confondue dans le pécule de l'esclave, et qu'on puisse dire avec certitude : l'avantage que l'esclave a volontairement procuré à son maître est le produit de cette chose.

On peut poser encore un principe plus général, et qui élucide complètement la matière : il y a lieu à l'action *de in rem verso* contre le maître, toutes les fois qu'il y aurait lieu contre lui à l'action *mandati*, ou à l'action *negotiorum gestorum*, si l'esclave avait été un homme libre (2).

Et dans les cas qui donneraient naissance à l'action *mandati*, on aura en outre soit l'action *quod jussu*, soit l'action *institoire* ou *exercitoire*.

99. En conséquence, si un esclave a emprunté de l'argent pour son usage personnel, comme pour sa nourriture ou son habillement, il faudra voir quelles sont les habitudes du maître. A-t-il continué de nourrir et vêtir ses esclaves lui-même, soit que ceux-ci n'aient pas de pécule, soit que malgré leur pécule, il les dispense de ce soin, l'esclave en question a fait l'affaire du maître, il y aura donc lieu à l'action *de*

<hr>

(1) D. l. 3 §. 1, de in rem verso.
(2) D. l. 3. § 2, de in rem verso.

in rem verso (1). Mais s'il entrait dans les usages du maître que ses esclaves se nourrissent et se vêtissent sur leur pécule, le créancier serait réduit à l'action *de peculio*.

100. Si l'esclave a employé l'argent qu'on lui a prêté, à faire dans la maison de son maître des dépenses voluptuaires, comme à faire exécuter des peintures, ou à faire richement décorer une habitation de plaisance, le maître ne sera pas tenu *de in rem verso*, car de pareilles dépenses n'entreraient jamais dans l'action *negotiorum gestorum* (2).

Il en est de même des dépenses qui auraient été faites par l'esclave pour satisfaire aux débauches de son maître.

101. Mais il est bien entendu que le maître serait tenu *in solidum* si l'esclave avait agi par son ordre (3).

102. Le maître qui a reçu de son esclave une certaine somme pour l'affranchir, et qui a opéré l'affranchissement, n'est pas tenu *de in rem verso* envers le tiers qui a prêté la somme, car on ne peut pas dire qu'il se soit enrichi, n'ayant reçu d'argent qu'en compensation de l'esclave, à la propriété duquel il renonçait; il ne pourra être poursuivi que *de peculio* (4).

Il résulte du motif que nous donnons que si la somme reçue par le maître excède la valeur de l'es-

(1) D. l. 3, § 3, de in rem verso.
(2) D. l. 3, § 4, eod. tit.
(3) D. l. 3, § 6, eod. tit.
(4) D. l. 2, eod. tit.

clave, le maître pourra être poursuivi *de in rem verso*
pour l'excédant (1).

103 Si un esclave est débiteur de son maître, et
que le fidéjusseur de cet esclave, ou un tiers, paie le
maître, celui-ci sera-t-il tenu *de in rem verso* envers
le fidéjusseur ou le tiers?

Non évidemment, car il faut encore reconnaître que
le maître ne s'est pas enrichi; il n'a fait que toucher
une chose due. Il ne pourra donc être poursuivi par le
créancier que *de peculio* (2).

Ou encore, un esclave a emprunté de l'argent, et a
lui-même prêté cet argent à un tiers.

On demande si le maître est tenu *de in rem verso*
envers le prêteur ; la raison de douter est que l'esclave étant devenu créancier, en prêtant à son tour
l'argent emprunté, le maître l'est lui-même devenu.

Ce raisonnement ne vaut rien, car il est inexact de
dire que le maître soit devenu créancier. Sans doute
la créance de l'esclave lui appartient comme le reste
des valeurs péculiaires ; mais elle ne lui appartient
qu'à titre de pécule. Il n'aura aucun droit de déduction sur cette créance quand il sera poursuivi *de peculio*. Il n'est donc pas vrai qu'il s'en soit enrichi :
c'est le pécule qui s'est accru.

Mais si l'esclave avait fait le prêt en question sous
le nom de son maître, la créance serait devenue propre au maître; elle aurait cessé d'être péculiaire, et il

(1) D. 1. 5 pr. de in rem verso.
(2) D. 1. 3, § 7, de peculio.

est certain qu'alors le maître serait tenu *de in rem verso* (1).

104. Les fausses déclarations de l'esclave, son intention même au moment où il agit de faire tourner le contrat au profit de son maître, ne peuvent pas donner lieu à l'action *de in rem verso*, il faut l'*eventus*, il faut qu'en réalité le maître ait fait un profit. La bonne foi des tiers, les circonstances frauduleuses qui sont de nature à excuser leur erreur, ne suffisent pas pour les mettre à l'abri de cette règle (2).

105. Mais s'il faut qu'il y ait eu vraiment bénéfice recueilli par le maître, il n'est pas nécessaire que ce bénéfice existe encore au moment où le créancier intente son action.

Ainsi, nul doute que l'action *de in rem verso* soit donnée au créancier qui a prêté de l'argent à l'esclave pour acheter du blé, quoique ce blé ait péri dans le grenier du maître, ou au créancier qui a réparé la maison du maître, quoique cette maison se soit écroulée depuis (3); ou encore au créancier qui a prêté de l'argent pour acheter un vêtement au maître, quoique ce vêtement ait péri (4).

Si l'argent emprunté pour payer ce vêtement avait péri avant d'avoir été livré au marchand, et que le vêtement lui-même eût péri, le maître serait exposé à deux actions, l'une de la part du prêteur, et l'autre de la part du marchand.

(1) D. 1. 3, § 5, de in rem verso.
(2) D. 1. 3, § 9, de in rem verso.
(3) D. 1. 3, § 7 et 8, de in rem verso.
(4) D. 1. 3, § 10, de in rem verso.

Comment serait-il tenu vis-à-vis d'eux? Il est évident qu'il s'était enrichi du vêtement, et que ce bénéfice lui venait à la fois de la chose du prêteur et de la chose du marchand; il sera donc tenu vis-à-vis de chacun *de in rem verso*. Seulement, comme il ne peut pas être obligé de payer plus que ce dont il a profité, il sera libéré *de in rem verso*, quand il aura désintéressé l'un des créanciers : *occupantis melior est conditio* (1); le second sera réduit à l'action *de peculio*.

106. Si un esclave achète des choses dont son maître n'a que faire, en déclarant pourtant qu'elles lui sont nécessaires, il les paiera probablement plus cher qu'elles ne valent réellement, à cause du besoin qu'il allègue. Le maître ne sera tenu *de in rem verso* à raison de ces choses que jusqu'à concurrence de leur valeur. Pour le surplus, le créancier n'aura que l'action *de peculio* (2).

107. Quel sera l'effet de la ratification donnée par le maître au contrat de son esclave?

On serait tenté de croire qu'elle la rend exécutable *in solidum*, en créant l'action *quod jussu*. Il n'en est rien pourtant : et en effet, la ratification suppose confirmation d'une obligation préexistante. Or, dans l'espèce prévue, l'obligation contractée par l'esclave est radicalement nulle. En conséquence, la ratification du maître ne peut, en droit strict, produire aucun effet :

(1) D. 1, 1, de in rem verso.
(2) D. 1, 5, pr. de in rem verso.

c'est le préteur qui a étendu l'action *de in rem verso* à ce cas.

En sorte qu'en résumé : le maître est soumis à l'action *quod jussu*, quand il a donné ordre à son esclave d'agir, à l'action *de in rem verso*, quand il a profité de l'acte, ou qu'il l'a ratifié, et à l'action *de peculio* dans les autres cas (1).

108. Il n'est pas nécessaire, pour qu'il y ait lieu à l'action *de in rem verso*, que la chose du créancier ait été immédiatement employée au profit du maître, il suffit que tôt ou tard elle ait tourné à l'avantage de celui-ci, et que cependant il soit encore possible de la distinguer, qu'elle ne se soit pas confondue avec les choses péculiaires.

Sans cette dernière condition, le maître serait toujours tenu *de in rem verso*, dès qu'il aurait profité du pécule : ainsi, aurait-il supprimé une partie de ce pécule, aurait-il vendu l'esclave avec ce pécule, en aurait-il touché le prix ; il faudrait dire qu'il y a *in rem versum* à son profit, et si on devait le dire après la vente, il faudrait le dire également avant la vente, parce que si le maître n'a pas vendu ce pécule, il a pu le faire ; ce pécule est à lui, fait partie de sa fortune, et l'enrichit (2). Or, ces résultats sont tout-à-fait inadmissibles ; on repoussera aussi par la même raison l'idée qu'il y ait *in rem versum* au profit du maître, lorsque l'esclave a fait donation à son maître d'un objet compris dans son pécule, ou qu'il a payé un

(1) D. 1. 3, § 1 et 2, de in rem verso.
(2) D. 1. 3, § 3, de in rem verso. — Loi 6, eod.

créancier du maître avec des deniers péculiaires (1).

109. Mais l'action *de in rem verso* prendra naissance quand l'esclave aura emprunté une somme d'argent pour payer un créancier de son maître (2), et qu'il aura effectivement accompli ce paiement. Il en sera de même si le fils a cautionné la dette de son père, et qu'il l'ait acquittée (l'esclave n'aurait pas pu faire cette fidéjussion, car les intercessions lui sont interdites) (3).

Il en sera de même encore, lorsque le fils se sera porté défenseur de son père dans une instance : la *litis contestatio* aura libéré le père, et l'aura par conséquent enrichi aux dépens du fils (4).

Il y aura aussi *in rem versum*, quand l'action dans laquelle le fils aura pris la place du père, sera une action *de peculio ;* seulement, dans ce cas, le père ne sera tenu *de in rem verso* que dans les limites du pécule, parce n'ayant été exposé qu'à une action *de peculio*, sa libération ne l'enrichit que jusqu'à concurrence des valeurs péculiaires (5).

110. Il semble que la même solution devrait être admise lorsqu'un esclave emprunte de l'argent pour payer un de ses créanciers, car en payant un créancier, l'esclave décharge le maître d'une action *de peculio ;* et cependant Paul décide que l'action *de in rem verso* ne sera pas donnée contre le maître de cet esclave (6); il n'accorde que l'action *de peculio.*

(1) D. 1. 7, pr. de in rem verso.
(2) D. 1. 7, § 1, eod.
(3) D. 1. 10, pr. eod.
(4) D. 1. 10, § 1, eod.
(5) D. 1. 10, § 3, eod.
(6) D. 1. 11 — eod.

Mais cette différence se justifie très bien. L'esclave, en payant un créancier péculiaire, libère à la vérité son maître d'une action *de peculio* qui pourrait être intentée contre lui; mais l'action n'est pas encore exercée, le créancier n'a pas encore le maître pour débiteur personnel, il n'est que le créancier du pécule; on est donc inexact si l'on dit qu'en payant ce créancier, l'esclave libère son maître. Dans l'autre hypothèse, au contraire, le père était vraiment tenu: une action était dirigée contre lui, et la *litis contestatio* allait le rendre débiteur personnel, lorsque le fils l'a affranchi de son obligation en la prenant à sa charge.

Dans le cas où la somme prêtée a tourné au profit du maître, et où il y a lieu par conséquent à l'action *de in rem verso*, le maître sera-t-il tenu seulement du capital ou même des intérêts?

Il faut distinguer, pour résoudre cette question, si l'esclave, en empruntant la somme, avait ou non promis les intérêts.—Le maître ne sera tenu de les payer qu'autant qu'ils auront été promis.—Il devra toutefois les payer encore, sans qu'ils aient été stipulés, quand le créancier, en prêtant son argent, a entendu, non pas contracter avec l'esclave, mais se porter gérant d'affaires du maître (1).

112. Un esclave ayant dans son pécule un actif égal à dix, devient le créancier de son maître d'une pareille somme qu'il a employée au profit de celui-ci; et, plus tard, il emprunte de son maître une nouvelle somme de dix. Dans ces circonstances, on demande

(1) D. 1. 10, § 5, de in rem verso.

si l'action *de in rem verso* subsiste contre le maître. Le doute vient de ce que la dette de l'esclave envers le maître, a pu être éteinte au moyen de l'actif du pécule, et qu'il a été inutile, par conséquent, d'opérer une compensation avec la créance de l'esclave. Mais ce raisonnement est mauvais ; il importe peu que l'actif péculaire ait présenté une somme égale à la dette. Le pécule aurait pu, il est vrai, servir au paiement, mais, en fait, il n'y a pas servi, et quoiqu'il appartienne au maître, il ne se confond pas avec les autres biens de celui-ci ; il forme, au contraire, à l'égard des créanciers, une masse de biens tout à fait différents du patrimoine du maître ; aussi Ulpien admet-il la compensation, et déclare-t-il éteinte l'action *de in rem verso* contre le maître (1).

113. Une question de compensation se présentera encore lorsqu'à la suite d'un *in rem versio* au profit du maître, l'esclave sera devenu d'abord débiteur, puis créancier de son maître.

Il est certain que la dette de l'esclave envers le maître a opéré compensation avec l'*in rem versio*, et que la créance, née postérieurement en faveur de l'esclave, ne lui a donné qu'un droit nouveau, incapable de réveiller l'action *de in rem verso* définitivement éteinte (2).

114. Lorsqu'un esclave a acheté un fonds pour son maître, il y a évidemment *in rem versio*, mais pour combien ? Seulement pour la valeur réelle de la chose,

(1) D. 1, 10, § 8, de in rem verso.
(2) D. 1, 10, § 9, eod.

si l'esclave l'a payée trop cher; et seulement pour le prix stipulé au contrat, si ce prix est inférieur à la valeur (1).

115. Quand un esclave appartient à plusieurs maîtres, et que l'acte fait par lui tourne au profit de l'un de ses maîtres, les autres pourront-ils être poursuivis *de in rem verso ?*

Si les copropriétaires sont associés, il faut décider l'affirmative; car ils répondent les uns des autres, sauf leurs recours respectifs; mais s'il n'y a pas entre eux de société, ils ne peuvent être poursuivis que chacun en ce qui le concerne personnellement. Il n'y a donc que le maître qui s'est enrichi qui doive être actionné *de in rem verso* (2).

116.—Lorsqu'un fils de famille s'est engagé par constitut à payer la dette de son père, il n'y a pas *in rem versum*, parce que le constitut ne libère pas le précédent débiteur ; mais l'action *de in rem verso* prendra naissance quand ce fils aura payé par suite de son constitut, car il aura vraiment, par ce paiement, enrichi son père (3).

117. Un père de famille trouve, à la mort de son fils, parmi les objets compris dans le pécule un vêtement dont il croit être propriétaire, et il l'emploie aux funérailles de son fils. Ce vêtement appartient au fils, qui ne l'avait pas encore payé. Le père pourra-t-il être poursuivi et par quelle action?

(1) D. l. 12, de in rem verso.
(2) D. l. 13 et 14, eod.
(3) D. l. 15, eod.

S'il avait été de mauvaise foi, il aurait été passible de l'action *de peculio*, parce que, comme nous l'avons vu précédemment, le maître ou le père est tenu non-seulement jusqu'à concurrence de ce qu'il y a dans le pécule, mais même sur tout ce qu'il a retiré du pécule par son dol.

Mais dans notre hypothèse le père est de bonne foi; peut-il encore être inquiété ?

Oui, car il s'est enrichi aux dépens du pécule ; il sera tenu *de in rem verso*. En effet, les funérailles sont à sa charge, et par conséquent s'il n'avait pas employé la toge de son fils, il aurait dû en acheter une (1).

III. Dans quel cas on accorde l'action utile de *in rem verso*.

118. Le jurisconsulte Scœvola nous présente comme ne devant donner lieu qu'à l'action utile l'espèce suivante :

Titius épouse une fille de famille. Le père de cette femme promet qu'il lui donnera une dot, et qu'il lui fournira chaque année ce qui est nécessaire à son entretien. Le père n'exécutant pas sa promesse, la fille se voit dans la nécessité d'emprunter à son mari de quoi subvenir à ses besoins, et elle emploie effectivement l'argent emprunté aux dépenses qui doivent être à la charge du père. Elle meurt avant que le père ait acquitté son obligation. Le mari veut rentrer

_____

(1) D. l. 19, de in rem verso.

dans ses déboursés : a-t-il contre le père l'action *de in rem verso ?*

L'affirmative nous paraît certaine ; car l'argent prêté par le mari a servi aux dépenses qui devaient être faites par le père ; celui-ci s'est donc enrichi d'autant, et pourtant le jurisconsulte n'accorde que l'action utile (1).

Pourquoi l'action utile ? C'est ce qu'il est fort difficile d'expliquer.

Est-ce parce que le contrat fait par la fille de famille étant un emprunt est prohibé par le sénatus-consulte Macédonien et ne peut pas donner lieu à une action de droit civil ? Cette opinion serait isolée ; elle serait d'ailleurs contraire à la loi 7, p. 12, du sénatus-consulte Macédonien, qui déclare le sénatus-consulte inapplicable lorsque l'emprunt a été fait par le fils de famille pour les affaires du père.

Quoi qu'il en soit, il faut bien admettre cette explication, à moins qu'on ne dise avec Pothier que l'action directe est refusée, parce qu'on ignore si la fille a eu vraiment l'intention, en contractant, de faire l'affaire de son père.

IV. Dans quels cas on refuse l'action de *in rem verso.*

110. Nous venons de voir que, suivant Pothier, l'action utile *de in rem verso* est donnée au lieu de l'action directe, quand il y a doute sur l'intention du fils qui a contracté ; il n'y aurait pas même lieu à l'action utile s'il était certain que le fils ou l'esclave

(1) D. l. 20, pr. de in rem verso. — L. 21, pr. eod.

eût agi dans un autre but que l'intérêt du père ou du maître.

Ainsi un esclave m'a vendu une hérédité appartenant à son maître, et j'ai payé les créanciers héréditaires. Le maître, après avoir appris cette vente, revendique l'hérédité : Ai-je contre lui l'action *de in rem verso*, à raison des dettes dont je l'ai libéré ? Il faut voir quelle a été l'intention de l'esclave : a-t-il agi pour son propre compte et en fraude des droits de son maître ? Je ne pourrai réclamer que ce dont le maître est encore plus riche au moment de mon action ; mais dans cette mesure, je pourrai toujours agir, car nul ne doit s'enrichir aux dépens d'autrui (1)

Mais si l'esclave a vendu l'hérédité au profit de son maître, dans le but de lui procurer un bénéfice, j'aurai l'action *de in rem verso*; et, par conséquent, on examinera le profit fait par le maître au moment du contrat, et non au moment de l'action.

On fera la même distinction quand un fils de famille aura emprunté de l'argent pour doter sa fille, à laquelle le père avait promis une dot.

S'il a voulu, par cet acte se porter le gérant d'affaires de son père, le créancier a l'action *de in rem verso*. Mais s'il a voulu doter *de suo*, l'emprunt fait par lui tombe sous l'application du sénatus consulte Macédonien, et ne donne lieu à aucune action en faveur du créancier (2).

(1) D. l. 7, § 4, de in rem verso.
(2) D. l. 7, § 5, de in rem verso.

119. On ne peut pas dire qu'il y ait *in rem versum*, lorsque l'esclave a emprunté une somme d'argent pour se libérer envers son maître, et qu'il l'a employée à acquitter sa dette, il n'y a pas gain de la part d'une personne qui rentre dans ce qui lui est dû (1).

120. Il n'y a pas non plus *in rem versum*, lorsque l'esclave, ayant été autorisé à vendre des bestiaux destinés à la culture d'un champ et à en racheter d'autres avec le prix des premiers, a effectivement racheté de nouvelles bêtes ; car les animaux nouveaux remplacent pour le maître ceux qu'il avait ordonné de vendre. Si donc l'esclave n'a pas payé ces bestiaux, et qu'il ait dissipé le prix qui était destiné au vendeur, celui-ci n'a l'action *de in rem verso* contre le maître, que pour ce qui excède la valeur des premières bêtes (2).

121. Enfin, comme l'action *de in rem verso* ne naît que d'après l'intention des parties : il faut décider qu'elle n'est pas donnée au profit de celui qui s'est porté le fidéjusseur de l'esclave dans un contrat qui a tourné au profit du maître, car il a entendu rendre ce service à l'esclave et non au maître (3).

(1) D. l. 10 § 7, eod.
(2) D. l. 16, eod.
(3) D. l. 18, § 7, l. 3, § 10, in fine, eod.

DROIT FRANÇAIS.

DE L'INCAPACITÉ DE LA FEMME MARIÉE.

INTRODUCTION.

Sub viri potestate eris.

GENÈSE, 3, 16.

Avant d'exposer les principes qui régissent, sous le Code Napoléon, l'incapacité de la femme mariée, il est utile d'indiquer les causes qui ont déterminé les législateurs de tous les temps à placer la femme mariée dans un état d'infériorité civile.

Lorsque la société conjugale s'établit, des intérêts de toutes sortes résultent de cette union. Il faudra cultiver le champ, en vendre ou échanger les produits; on devra pourvoir à l'éducation des enfants ; il y aura des droits à exercer, des devoirs à satisfaire. Lequel des deux époux prendra la direction suprême ? Si la pensée, si les goûts semblables de chacun des époux amenaient toujours une même volonté, et tendaient toujours au même but, par les mêmes moyens, il n'y aurait aucune utilité à créer une prééminence de l'un des époux sur l'autre. Mais l'expérience a montré que, malgré le plus vif désir de maintenir la bonne harmonie, on ne fait pas toujours volontiers le sacrifice de ses pensées, de ses espérances, de ses illusions. On s'attache, on se rive à son idée, non par une coupable opiniâtreté, mais parce qu'on la croit, de bonne foi, la meilleure. La paix domestique aurait beaucoup à souffrir de ces luttes intestines; le bonheur conjugal serait gravement compromis; la discorde refroidirait la tendresse des époux, les éloignerait peut-être l'un de l'autre, et donnerait à la famille le plus triste et le plus dangereux des spectacles.

Pour écarter, autant que possible, du foyer domestique la cause de ces dissensions si funestes, les législateurs ont compris qu'il fallait donner un chef à la société conjugale.

Le principe admis, quel devait être ce chef?

Rien n'est plus vain que les disputes sur la préférence ou l'égalité des deux sexes (1); aussi nous abstiendrons-nous de tout examen sur ce point. Nous dirons seulement qu'il ne faut pas penser avec Voltaire (2) que tout étant fondé sur la force, il n'est pas étonnant que, dans tout pays, l'homme se soit rendu maître de la femme; ce qui ferait supposer que la puissance du mari serait une usurpation violemment commise au préjudice de la femme. S'il est certain que l'autorité d'un seul était nécessaire dans l'intérêt même du bonheur des époux, à choisir entre le

(1) Portalis, Rapport sur le titre du mariage.
(2) Voltaire, Dict. phil. V° Femme.

mari et la femme le dépositaire de la puissance, il n'y avait pas à hésiter.

La force et l'audace sont du côté de l'homme ; la timidité et la pudeur du côté de la femme(1). L'homme plus fort devait protéger la femme plus faible. La raison voulait que l'autorité fût confiée à celui qui protége.

On s'est demandé si cette autorité était de droit naturel et de droit divin comme l'enseigne Domat (2), ou si, au contraire, l'empire marital n'était pas naturel, et ne pouvait s'acquérir que par une convention accessoire au mariage, suivant la doctrine de Wolf (3).

Sans doute, en contractant mariage, et en se soumettant aux lois qui ont consacré la puissance maritale, la femme donne un consentement, et sa soumission dérive d'une convention. Mais la question est de savoir si, ces lois n'existant pas, la femme n'en serait pas moins soumise à l'autorité de son mari. Or, nous l'avons dit, la suprématie du mari a sa source dans le pouvoir de protection que sa force lui donne. Cette prééminence de l'homme est indiquée par la constitution même de son être (4). La nature commande donc à la femme tous les devoirs de soumission qui sont dus à un supérieur (5).

(1) Portalis, loc. cit.
(1) Domat, tit. 2, sect. 1.
(3) Principes du Droit des gens, tit. 7, ch. 2, § CIV.
(4) Portalis, loc. cit.
(5) Pothier, Puissance du mari, 1re partie, art. 1.

Nous n'étudierons pas ici, au point de vue historique, quelle a été, dans les différentes législations, la mesure de cette puissance. A l'exemple de Pothier, traitant de la puissance du mari, nous rappellerons seulement que, dans l'ancien droit romain, la puissance d'un père de famille sur la personne de sa femme était immense ; qu'elle était la même que celle qu'il avait sur ses enfants et sur ses esclaves.

La civilisation, en adoucissant les mœurs, a relevé la femme de l'état de dépression où l'avait placée une législation trop dure. Ses vertus l'ont comme réhabilitée aux yeux des législateurs, et tout en maintenant la puissance du mari et l'obligation de la femme à l'obéissance, la loi l'a efficacement protégée contre l'abus de cette puissance.

Une conséquence nécessaire de l'autorité du mari sur la personne de sa femme était la direction des affaires de celle-ci, et surtout la défense de se présenter seule devant la justice. La bonne administration des affaires de la femme n'est pas indifférente à la société conjugale, qui a droit d'exiger des contributions pour le soutien des charges du ménage. On comprend que des conflits pouvaient résulter de volontés contradictoires dans la direction des affaires de la femme, et que la paix intérieure pouvait être profondément troublée. En présence d'un pareil danger, l'autorité du mari sur la personne de sa femme a été étendue à ses droits et actions. On lui a, en principe, retiré l'administration de ses biens. On ne lui a jamais permis de les aliéner. Surtout, il lui a été interdit de se présenter devant la justice soit pour demander, soit pour se défendre, sans l'autorisation de son mari.

Seulement, comme le refus du mari peut être injuste, et comme il n'y a pas de pouvoir particulier qui ne soit soumis à la puissance publique (1), la femme a été autorisée à se pourvoir devant les tribunaux pour avoir raison d'une résistance illégitime.

La sanction de l'infraction à la puissance maritale est la nullité des actes faits au mépris de cette autorité.

Mais il faut remarquer que cette nullité, avant le Code Napoléon, était bien plus rigoureuse qu'elle ne l'est aujourd'hui : elle était autrefois absolue. Généralement, la nullité pouvait être proposée par tous ceux qui avaient contracté avec la femme ; et l'obligation, entachée de ce vice, n'admettait ni cautionnement ni ratification (2). La rigueur du principe s'est adoucie. Il est constant, sous le Code Napoléon, que la nullité n'est que relative, c'est-à-dire qu'elle ne peut être proposée que par certaines personnes ; qu'elle doit être demandée en justice, et pendant un certain temps ; qu'enfin l'obligation viciée est susceptible de ratification.

Une autre cause de l'incapacité de la femme mariée est son inhabileté présumée aux affaires.

Les devoirs que la femme a à remplir durant le mariage la condamnent à une vie d'intérieur, à des

(1) Portalis, loc. cit.
(2) Demolombe, t. 2, p. 435.

soins et à des travaux domestiques qui l'isolent de tous les rapports d'intérêts réservés au mari, en qualité d'administrateur de la fortune commune et de la fortune propre de sa femme. Elle n'a ni une expérience qui l'éclaire sur ses droits, ni une prudence et une fermeté de raison qui la protége contre les piéges qu'on peut lui tendre. Il suit de là que les actes faits par la femme sans l'autorisation de son mari sont considérés comme suspects par la loi, qui en prononce la nullité.

Cependant, avant son mariage, et lorsqu'elle est devenue veuve, la femme a capacité pour tous les actes de la vie civile. Est-elle plus inhabile le lendemain de son mariage qu'elle ne l'était avant ? son veuvage lui donne-t-il tout à coup une aptitude dont on la considérait comme privée la veille ?

Cette contradiction n'est qu'apparente. Il faut considérer en effet que les obligations qui sont imposées à la femme durant le mariage, et qui l'éloignent du maniement des affaires, ou n'existent pas dans le célibat, ou sont infiniment moins nombreuses dans le veuvage. Dans ces dernières situations, elle peut diriger ses facultés du côté de ses intérêts à défendre. L'administration de ses affaires, placée dans ses mains, l'oblige à des rapports, à des surveillances, à des débats, qui lui créent une sorte d'expérience pratique et lui donnent une certaine aptitude que la loi a jugées suffisantes.

Cependant, il faut le reconnaître, cette aptitude est bien limitée et bien imparfaite. L'éducation qu'a reque la femme ne l'a pas préparée aux luttes d'intérêt, ne lui a donné aucune idée exacte de ses droits et de ses obligations. Sa nature vive, exaltée, et s'animant aux premières impressions, n'est guère susceptible de cette froide et logique appréciation qui convient dans la direction des affaires; aussi voit-on, dans l'ancien droit romain, les femmes soumises à une tutelle perpétuelle. Cette situation commença à se modifier sous la République, et du temps de Gaïus et d'Ulpien il n'y avait plus de tutelles légitimes pour les femmes que celles des ascendants et des patrons. Cette législation elle-même tomba en désuétude, et sous Constantin elle ne s'appliquait plus. Les femmes alors n'étant plus protégées contre elles-mêmes par des lois énergiques, se livraient à tous les excès d'une liberté sans contrôle, et se jetaient dans des opérations imprudentes qui consommaient leur ruine. Ce résultat était forcé. Passant d'une servitude absolue à une liberté sans limite, les femmes abusaient de leur émancipation. Mais il ne ressort pas moins de cette observation historique que les femmes manquaient pour l'administration de leur patrimoine de cette réflexion et de cette prudence qui éloignent des entreprises téméraires et ruineuses.

Aujourd'hui, les femmes n'ont plus de tuteurs hors mariage, elles ont une capacité civile généralement égale à celle de l'homme. Mais cette égalité, qui est dans la loi, n'est pas, il faut bien le dire, dans les faits. Elle a été admise cependant parce que la tutelle des femmes n'est pas dans nos mœurs, parce qu'elle serait féconde en inconvénients et en dangers. Mais si de hautes considérations ont fait écarter cette surveillance des actes de la femme, il faut cependant reconnaître que parmi les causes de son incapacité le législateur a placé l'inhabileté présumée de la femme.

DROIT FRANÇAIS.

CHAPITRE PREMIER.

Étendue de l'incapacité de la femme mariée.

1. La subordination à laquelle est soumise la femme vis-à-vis de son mari, par suite des motifs que nous avons exposés précédemment, amène inévitablement pour elle une incapacité de faire certains actes.

A quels moments commence et finit cette incapacité ; quels sont les actes que la femme mariée conserve le droit de faire, quels sont ceux dont le mariage la rend incapable, quel compte faut-il tenir du régime sous lequel elle est mariée ou de son état de commerçante ? Telles sont les questions que nous allons examiner dans ce chapitre, en traitant de *l'étendue de l'incapacité de la femme mariée.*

A l'égard de certains actes, on peut dire que l'incapacité de la femme est de l'essence du mariage, aucune modication n'y peut être apportée par les conventions matrimoniales ; pour d'autres actes, l'incapacité de la femme peut recevoir, de la volonté des époux, un adoucissement ; pour d'autres enfin, le mariage n'altère en rien la capacité de la femme.

Ces trois sortes d'actes feront l'objet des trois sections de notre chapitre.

SECTION I. — *Des actes que la femme mariée ne peut jamais faire sans l'autorisation de son mari ou de justice.*

2. Si l'incapacité de la femme résulte, comme nous l'avons dit, de la position inférieure que nos mœurs et nos lois lui ont faite dans la société conjugale, c'est avec le mariage que cette incapacité doit naître, c'est encore avec le mariage qu'elle doit s'éteindre (1). Il ne peut y avoir aucun doute sur ce point, *l'effet*, dit Pothier, *ne devant précéder la cause* (2)... Et il n'y a aujourd'hui qu'un intérêt historique à constater avec Pothier (3) « que dans certaines coutumes, et notamment dans la coutume d'Artois, la femme, dès ses fiançailles, devait recourir à l'autorisation de son fiancé pour contracter et disposer de ses biens par testament ou autrement. »

(1) Zachariæ, 472, note 3 et 4.
(2) Pothier, Puissance du mari, n° 7.
(3) Loco. cit. n° 8

Mais s'il ne faut pas que l'incapacité précède le mariage, il ne faut pas non plus que cet effet se fasse attendre, et on doit appliquer rigoureusement ce principe qu'avec le mariage commence l'incapacité : à ce point que si le mariage avait lieu durant une instance commencée contre la femme, une autorisation deviendrait nécessaire pour terminer le procès, à moins que l'affaire ne fût déjà en état. (343, Code de Procédure.) (1).

3. Les actes au sujet desquels nous aurons à examiner la capacité de la femme mariée seront : des actes judiciaires, c'est-à-dire des demandes en justice ou la défense à ces demandes ; ou bien des actes extra-judiciaires, c'est-à-dire des contrats, des quasi-contrats, des délits, des quasi-délits, des actes d'exécution ou de conservation et le testament.

4. Le Code Napoléon s'est occupé des actes judiciaires dans les articles 215 et 216.

La femme ne peut jamais ester en jugement sans autorisation, sous quelque régime qu'elle soit mariée, fût-elle même séparée de corps (2) ou marchande publique. Il importe de préciser ce qu'on entend par *ester en jugement*, locution inexacte, qu'on ne peut expliquer que par la phrase romaine dont elle est la traduction maladroite (3).

Stare in judicio, ester en justice et non pas ester

(1) Zachariæ, note 7. — Dalloz, Dict. 17 et S.—Toullier, t. 1, nº 620.
(2) Pothier, Contr. mat. 523. — Proudhon, t. 1, nº 262. — Duranton, t. 11, nos 623-624. — Zachariæ, t. III, p. 571.
(3) Demolombe, t. IV, nº 122.

en jugement, c'est prendre une part active dans l'instance, y figurer soit comme demandeur ou défendeur principal, soit comme intervenant (1)

Ce n'est donc pas ester en justice que d'être appelé comme témoin ou comme expert dans une instance ; aussi n'est-ce pas sur ce motif que nous refuserons à la femme mariée le droit d'être expert sans être autorisée de son mari ou de justice, quand nous examinerons la question en son lieu, et nous n'hésitons pas à décider que la femme peut librement témoigner en justice. Ce n'est pas non plus ester en justice que prendre une inscription hypothécaire, faire transcrire son acte de mariage, conformément à l'art. 171, C. Nap., faire une sommation, ou pratiquer une saisie exécution. (583 Pr. c.) De pareils actes sont actes d'exécution ou de conservation, soumis à des règles que nous exposerons ultérieurement.

Mais ce sera ester en justice que de former opposition à un jugement par défaut, de pratiquer une saisie-arrêt ou opposition, de figurer dans une procédure d'ordre ou de saisie immobilière.

En effet, l'opposition à un jugement par défaut suppose des conclusions adressées au Tribunal ; (160, 161, 162, Pr. c.) — La saisie arrêt a pour complément nécessaire la demande en validité de saisie ; (Pr. c. 563.) Et dans une procédure d'ordre ou de saisie immobilière, la femme conclut devant la justice. (675, Pr. c.)

---

(1) Valette, sur t. 1, p. 457, n. 5.

5. La femme pourrait-elle faire une surenchère sans autorisation ?

Il faut adopter la négative, même pour la femme séparée de biens, soit qu'il s'agisse d'une surenchère du sixième , soit qu'il s'agisse d'une surenchère sur aliénation volontaire ; car la surenchère suppose nécessairement une instance et des conclusions prises (Proc. c., 709-832), et la femme ne peut ester en justice sans autorisation.

Ce principe est incontestable ; il n'est pas, comme on pourrait le croire, en opposition avec la jurisprudence et notamment avec un arrêt de la Cour de cassation du 20 mars 1853.

Dans cet arrêt, la Cour suprême a décidé que la femme mariée, séparée de biens, peut, sans l'autorisation de son mari, poursuivre le recouvrement de ce qui lui est dû, même par voie de surenchère sur les immeubles du mari, vendus à la requête des créanciers de celui-ci. Mais il est à remarquer que, malgré les apparences, la question soumise à la Cour est toute différente de celle que nous avons proposée.

Il s'agissait de savoir si le jugement qui prononçait la séparation de biens, et donnait à la femme droit à des prélèvements et à des reprises, contenait virtuellement l'autorisation pour elle de faire les actes constituant l'exercice de ces reprises.

La Cour de cassation a décidé l'affirmative, attendu
« que la loi elle-même faisant à la femme un devoir
« de poursuivre les effets du jugement de séparation,
« elle se trouve, implicitement à la vérité, mais né-

« cessairement, relevée de son incapacité, et doit être
« réputée autorisée par ce jugement même, pour tous
« les actes qui tendent au recouvrement de ses re-
« prises, et notamment pour l'exercice du droit de
« surenchère, motivé par la nécessité de poursuivre
« la restitution de sa dot.... »

Ces considérants, cette préoccupation de trouver
une autorisation tacite dans le jugement de séparation
de biens, montrent clairement que dans l'esprit de la
Cour, la surenchère est un de ces actes que la femme
mariée ne peut faire que pourvue d'une autorisation.

6. Nous considérerons encore comme une instance
judiciaire le préliminaire de conciliation devant le juge
de paix. — La femme devra donc être autorisée de
son mari pour citer son adversaire en conciliation, et
elle ne sera valablement citée elle-même qu'autant que
son mari l'aura été avec elle.

7. Nous exigerons aussi l'autorisation du mari ou
de justice pour *compromettre* ; il y a même quelque
chose de plus grave encore à confier la solution d'un
procès à de simples particuliers choisis pour juges,
qu'à s'en rapporter à la décision d'un tribunal régu-
lier (1).

Ce point n'est cependant pas universellement admis.
— On a soutenu (2) que la femme peut librement
compromettre sur les droits dont elle a l'administration ; qu'ainsi une femme séparée de biens peut, sans
autorisation, compromettre sur une difficulté survenue

(1) Demolombe, t. iv, n° 160.
(2) Boitard, Proc. civ., t. iii, p. 410.

entre elle et son fermier, à l'occasion des clauses du bail. En effet, dit-on, l'incapacité de la femme ne doit pas être étendue ; elle n'a lieu, aux termes de l'article 1124, que dans les cas déterminés par la loi. — Or, nulle part la loi n'a interdit spécialement à la femme de compromettre, et c'est vainement qu'on cherche à faire rentrer le compromis sous l'application de l'article 215. Car cet article ne parle que des instances en justice. Il serait, d'ailleurs, souvent fâcheux de soumettre la femme à la nécessité d'une autorisation pour des contestations fréquentes et d'un minime intérêt.

Il est vrai que la nécessité de se faire autoriser sera quelquefois pour la femme une entrave à l'administration de ses affaires ; mais il nous semble que ce serait méconnaître l'esprit de la loi de ne pas considérer le compromis comme une instance judiciaire. Qu'est-ce, en effet, que compromettre, si ce n'est plaider ? Il faut donc s'arrêter à la solution que nous avions donnée tout d'abord ; d'ailleurs, cette solution acquiert vraiment une force invincible en présence des articles 1004 et 83 du Code de procédure. On ne peut compromettre, porte l'article 1004, sur aucune des contestations qui seraient sujettes à communication au ministère public. — Et l'article 83 énonce parmi les causes communicables celles des femmes mariées non autorisées (1).

8. La nécessité de l'autorisation n'existe, aux termes de l'article 215, qu'en matière civile ; les pro-

____

(1) Demolombe, t. iv, n° 160

cès criminels font l'objet de l'article suivant. Mais dans la sphère civile, aucune distinction n'est faite par la loi : tout procès, quel que soit son sujet, ne peut être intenté ou soutenu par la femme qu'avec l'autorisation du mari, et, à son défaut, avec l'autorisation de la justice.

9. Il faudra pourtant admettre au principe posé par l'article 215 quelques dérogations. Ainsi, quand le mari est absent, mineur ou interdit, la loi permet à la femme de s'adresser directement à la justice (Procédure, 863 et 864, C. Nap., 222 et 224); il en est de même en cas de condamnation du mari à une peine afflictive ou infamante (C. Nap., 221). Lorsque la femme poursuit la séparation de biens, elle est dispensée de demander l'autorisation de son mari ; le président du tribunal l'autorise sur requête (Pr., 865). Il en est de même quand la femme provoque la séparation de corps (1).

10. De graves difficultés se sont élevées à l'occasion de certaines instances judiciaires. Ainsi on s'est demandé si l'autorisation du mari était nécessaire à la femme pour poursuivre la nullité de son mariage.

La première impression fait repousser l'affirmative comme impliquant une pétition de principe ; comment en effet imposer à la femme l'obligation d'obtenir l'autorisation de celui qu'elle nie être son mari ? c'est décider d'avance la question en litige que de considérer comme incapable la femme qui se prétend libre.

Il faut pourtant se ranger à l'avis de la jurispru-

(1) Proudhon.

dence (1) et de la majorité des auteurs qui exigent que même dans ce cas la femme se fasse autoriser.

Et en effet, l'autorité maritale existe, jusqu'à ce que la nullité ait été prononcée. L'acte de mariage fait foi, et établit une présomption à laquelle la femme doit se conformer.

11. La femme a-t-elle besoin de l'autorisation maritale pour poursuivre l'interdiction de son mari?

L'affirmative doit être admise sans hésitation : quel que soit le procès intenté par la femme contre son mari, il doit être précédé d'une autorisation maritale. En effet, l'art. 215 ne fait aucune distinction pour le cas où l'adversaire de la femme serait le mari lui-même; on comprend que l'allégation de celle-ci peut être fausse; sa prétention ne doit pas suffire pour retirer au mari son droit d'autorisation (2). Ajoutons que la comparution du mari devant les juges servira souvent à arrêter un procès mal fondé.

11 *bis.* Il est bien entendu d'ailleurs que si dans un procès entre époux, la femme était défenderesse, l'autorisation du mari résulterait implicitement de la poursuite dirigée par lui contre sa femme.

12. L'autorisation du mari est nécessaire à la femme, au cas même où on provoquerait son interdiction (3). Il importe, en effet, que le mari soit présent dans l'instance pour protéger sa femme, s'il y a lieu contre la prétention élevée contre elle.

(1) D. P. 45. 1. 97.—D. P. 31. 1. 45.
(2) Dalloz, a. 9. 541.
(3) Idem.

13. Une question assez délicate est celle de savoir, si le Tribunal chargé d'autoriser la femme, est tenu de donner cette autorisation, ou s'il a le droit de la refuser.

Quoiqu'il semble dangereux au premier abord que le Tribunal ait le droit d'empêcher la femme de former une demande, et surtout de défendre à une action dirigée contre elle, on arrive cependant à reconnaître, en y réfléchissant bien, que la justice doit avoir à cet égard un libre arbitre.

Les termes et l'esprit de la loi ne permettent pas de supposer que l'autorisation de justice soit une simple formalité. C'est une précaution pour mettre la femme à l'abri des mauvais procès, et cette précaution serait illusoire, si l'autorisation devait toujours être accordée. Il est donc du devoir du Tribunal d'examiner avec soin quels sont les droits de la femme, et de l'empêcher de soutenir la demande ou la défense, si elle n'a aucune chance de succès.

14. Il est un cas où le caractère sommaire de la procédure, l'intérêt de statuer avec la plus grande promptitude, ont pu faire croire que la femme était dispensée de l'autorisation du mari ou de justice; c'est le cas où la femme introduit un référé; mais cette décision (1), utile peut-être, ne nous paraît pas pouvoir être justifiée en droit; rien dans les textes ne lui sert de fondement.

15. Il se peut que la femme agisse, non plus en son propre nom, mais comme tutrice des enfants de

(1) Debelleyme, Ordonnance, t. II, p. 21.

son premier mariage. Dans ce cas, devra-t-elle être encore pourvue d'une autorisation? On a dit que le législateur qui donne directement un mandat à la femme, l'habilite par cela même à l'accepter et à le remplir (1), et la dispense par conséquent de l'autorisation.

Tel n'est pas cependant l'avis qui nous paraît le meilleur; la loi, en chargeant la femme de la tutelle, a voulu qu'elle pût veiller elle-même sur les intérêts de ses enfants, que le soin des affaires de ceux-ci ne fût pas exclusivement confié au mari, dont l'affection pour eux est problématique; et ce but est rempli, alors même que la femme est obligée, pour agir, d'obtenir le consentement de son mari; rien n'indique qu'il soit entré dans l'esprit de la loi de l'en affranchir. Au contraire, ce fait de lui avoir donné son mari pour co-tuteur, semble indiquer de la part du législateur l'intention d'associer sa gestion à celle de son mari, de ne faire qu'une seule tutelle qui soit exercée conjointement par les deux époux. D'ailleurs, le mari n'est-il pas solidairement responsable de la tutelle de sa femme? Or, comment comprendre sans renverser toutes les idées reçues sur le contrat de mariage, que la femme puisse obliger son mari sans le consentement de celui-ci?

Il faut donc convenir que la femme, même tutrice, ne pourra faire seule au nom de ses enfants, que les actes qu'elle pourrait faire pour elle-même.

16. Lorsqu'une femme mariée est frappée d'interdiction, l'incapacité de la femme s'efface pour faire

<hr>

(1) Demolombe, t. IV, p. 189.

place à l'incapacité de l'interdite. — Il ne faut plus désormais se préoccuper de l'autorisation maritale, ni des règles qui s'y rattachent; on ne doit plus voir qu'une folle, placée sous le coup d'un jugement d'interdiction et soumise à l'autorité d'un tuteur; seulement ce tuteur est généralement son mari. Ce sont donc les dispositions relatives aux interdits qui devront être appliquées.

Il en résulte, que si le mari vient à être destitué de la tutelle par l'une des causes déterminées par la loi (C. Nap., 442, s), celui qui le remplacera administrera comme le tuteur d'une fille majeure sans avoir besoin de recourir à aucune autorisation maritale. C'est ce qui a été jugé par la Cour d'Amiens, le 29 décembre 1825 (1).

C'est ainsi que nous entendons l'incapacité de la femme d'ester en justice, en matière civile, incapacité qui se résume dans ce principe absolu posé par l'art. 215. *La femme ne peut ester en jugement sans l'autorisation de son mari, quand même elle serait marchande publique, ou non commune ou séparée de biens.*

17. En matière criminelle, les règles sont différentes, l'art. 216 fait une importante exception au précédent : *L'autorisation du mari n'est pas nécessaire lorsque la femme est poursuivie en matière criminelle ou de police.*

La femme peut donc librement défendre à toute action criminelle dirigée contre elle, et par action cri-

(1) D. p. 26, 2, 179.

minelle, il faut entendre toute action de justice répressive, soit criminelle proprement dite, soit correction-
nelle, soit de simple police. Le bon ordre et la morale
publique empêchent qu'une autorité quelconque vienne
se placer entre la société qui frappe et le coupable.

Ce motif qui explique la disposition de la loi relativement à l'action publique est inapplicable à l'action
civile, en dommages-intérêts qui peut être intentée
par la partie lésée. Aussi cette action de la partie civile est-elle en dehors de l'exception portée au principe d'incapacité par l'art. 216. Il s'est pourtant élevé
sur ce point une difficulté qu'il importe de résoudre.

18. L'action en dommages-intérêts peut se produire sous trois formes différentes : la partie lésée
peut poursuivre l'auteur du délit devant un tribunal
civil, ou devant un tribunal de justice répressive,
mais indépendamment de l'action publique, ou bien
accessoirement à cette action publique.

Dans la première hypothèse, tout le monde convient que la femme devra se faire autoriser, il est en
effet impossible de dire que la femme soit poursuivie
en matière criminelle ; on demande contre elle la réparation civile d'un dommage, et le tribunal saisi est
incompétent pour statuer criminellement sur le fait
qui a causé le dommage.

Mais que décider dans les deux hypothèses où l'action publique est portée devant le tribunal de justice
répressive? Si l'action civile est intentée accessoirement à l'action publique, on reconnaît que la femme
est dispensée de l'autorisation, le principal emporte

l'accessoire, la loi habilite la femme à défendre à l'action publique; cette défense sera en même temps la défense à l'action privée. D'ailleurs, exiger l'autorisation dans ce cas, serait rendre le plus souvent inapplicable l'art. 359 du Code d'instruction criminelle, qui permet à la partie civile d'intenter son action en dommages et intérêts dans le cours du débat.

Mais le doute commence lorsque l'action civile est portée devant un tribunal criminel indépendamment de l'action publique : certains auteurs (1) veulent que la femme soit encore dispensée d'autorisation dans ce cas; en effet, disent-ils, quoique la femme soit poursuivie par la partie civile, elle n'en est pas moins poursuivie en matière criminelle ; on se trouve donc dans les termes de l'art. 216 qui ne se prête à aucune distinction.

Il nous semble que c'est faussement interpréter l'art. 216 et abuser du sens plus ou moins large qu'on peut donner aux mots : *poursuite en matière criminelle*. Il est peu probable qu'en arrêtant l'art. 216, le législateur ait voulu comprendre dans sa disposition très laconique deux espèces d'actions très différentes ; cet article formant une antithèse remarquable avec le précédent, oppose les poursuites en matière criminelle aux actions d'intérêt privé dont s'est occupé l'art. 215. La situation relative de nos deux articles vis-à-vis l'un de l'autre, nous paraît indiquer d'une manière frappante, que dans la pensée des rédacteurs, le second, l'art. 216 doit se rattacher à une nature d'actions

(1) Demolombe, t. IV, n° 145.

toute différente, on ne s'occupe plus de ces intérêts privés qui ont fait l'objet de l'article précédent; mais on songe à délivrer de toute entrave la société qui poursuit le coupable. Nous pensons donc que l'art. 216 est tout-à-fait inapplicable à l'action de la partie civile, qui, étant une action d'intérêt privé, est régie par le principe d'incapacité de l'art. 215. Et si nous faisons une exception pour le cas où l'action civile est jointe à l'action publique, c'est qu'alors la première disparaît devant la seconde qui l'absorbe et se confond avec elle (1).

19. Nous avons supposé jusqu'à présent la femme défenderesse à l'action de la partie civile; si la demande était intentée par elle, nul doute que l'autorisation du mari ou de justice serait nécessaire. Ne pourrait-on pas croire cependant que la femme a le droit de recourir directement à la justice, sans s'adresser d'abord à son mari pour obtenir son autorisation, quand ellele poursuit pour coups et blessures? On est tenté d'appliquer par analogie la disposition de l'art. 878 du Code de procédure relative à la demande en séparation de corps. Mais nous pensons qu'il est préférable de rester dans les termes de la loi, et de ne pas créer une exception qu'elle ne comporte pas. Aucune demande en justice ne peut être intentée par la femme qu'après l'autorisation maritale obtenue ou au moins demandée; — la citation du mari devant la chambre du conseil, pour qu'il ait à s'expliquer sur son refus d'autoriser, peut arrêter quelquefois, à son début, un

(1) Marcadé, t. 1, n° 728. — Zacharie, t. III, p. 525.

procès scandaleux : il serait fâcheux de supprimer cette chance de réconciliation entre les époux ; cette dispense d'autorisation serait d'ailleurs, il faut le reconnaître, tout-à-fait arbitraire.

20. Telles sont les notions que nous avions à donner sur l'incapacité de la femme d'ester en justice. Mais les actes judiciaires ne sont pas les seuls que la femme mariée ne puisse jamais faire sans autorisation. Nous avons à parcourir certains actes faits en dehors de la justice, et pour lesquels la femme est également frappée d'une incapacité essentielle au mariage. Ainsi, la femme ne peut jamais faire librement une aliénation à titre gratuit par acte entre vifs.

21. Il faut donc repousser l'opinion de M. Delvincourt (1), qui permet à la femme de disposer à titre gratuit de son mobilier, lorsqu'elle est séparée de biens. Il est certain, en effet, que l'article 1449, sur lequel il s'appuie, et qui permet à la femme d'*aliéner* son mobilier, ne lui donne ce droit que comme une conséquence nécessaire de l'administration, et que le mot *aliéner*, quoique ayant le plus souvent un sens général, est employé ici pour indiquer les aliénations à titre onéreux. Un acte de libéralité fait par la femme, est l'indice d'une affection ou d'une reconnaissance qui devient coupable dès qu'elle est réprouvée par le mari ; et certes, la loi eût porté la plus grave atteinte à la juste susceptibilité de celui-ci, si elle eût permis à la femme de faire des donations malgré lui.

Toutefois, il fallait ici, comme dans tant d'autres

____

(1) T. IV, p. 58, n° 16.

circonstances, préserver la femme contre une opposition déraisonnable du mari. La justice interviendra,
en cas de refus de l'autorisation maritale, et pourra,
en connaissance de cause, relever la femme de son
incapacité. La femme ne pourra pas non plus sans
autorisation accepter une donation (934) ou une succession (1413-1417).

22. L'autorisation sera encore nécessaire à la
femme pour entreprendre un commerce. Mais l'autorisation du mari pourra-t-elle être suppléée par celle
de la justice ? Cette question, fort difficile, est, encore
aujourd'hui, l'une de celles qui divisent le plus les
auteurs. Elle est d'ailleurs complexe, et peut être
résolue diversement, suivant que le défaut d'autorisation du mari vient de son refus, de son incapacité ou
de son absence.

23. Quand le mari s'oppose à ce que sa femme
fasse le commerce, nous pensons que sa volonté fait
loi, et que vainement la femme demanderait à la
justice l'habilitation qui lui a été refusée par son
mari.

Et en effet, si la justice peut autoriser la femme à
ester en jugement, ou à contracter malgré le mari,
comme le décident les articles 218, 219, 221, 222 et
224, cela tient à l'urgence qu'il peut y avoir pour la
femme à faire ces actes, et aussi à ce qu'ils ne portent
qu'une faible atteinte à l'autorité maritale. — Mais la
femme qui prend la qualité de commerçante se soustrait
presque entièrement à cette autorité ; elle acquiert
une capacité presque complète ; il s'opère donc dans

son état un changement des plus graves qui ne doit pouvoir se faire que dans les conditions établies par la loi. Or, la loi a voulu qu'il ne pût s'effectuer que du consentement des deux époux : c'est ce qui résulte de l'article 4 du Code de commerce, et nulle part, soit dans le Code civil, soit dans le Code de commerce, on ne trouve de disposition qui permette de suppléer au défaut de la volonté maritale par celle de la justice.

D'ailleurs, la femme commerçante, quand elle est commune en biens, n'oblige-t-elle pas son mari? — Or, comment admettre que la communauté et le mari lui-même soient obligés sans la volonté de ce dernier? C'est pourtant ce qui arriverait si la femme commune pouvait devenir commerçante malgré son mari. Un pareil résultat n'a besoin que d'être énoncé pour être repoussé, tant il est contraire aux principes les plus élémentaires du contrat de mariage. Il faut donc au moins admettre que la femme commune ne peut pas devenir commerçante sans l'autorisation de son mari; et une fois ce point admis, on est entraîné à donner la même décision quand la femme est séparée de biens; car aucun texte n'autorise une distinction.

24. Serons-nous aussi rigoureux en cas d'absence ou d'incapacité du mari? Il y a quelque chose de bien dur à décider alors que la femme ne pourra pas s'adresser à la justice ; sa fortune, son existence, celle de ses enfants et de son mari, dépendent peut-être de l'exercice de la profession que la femme veut entreprendre : c'est ce qui a déterminé quelques auteurs (1) à admettre dans ce cas l'autorisation de la justice.

Mais, malgré l'inconvénient si grave qu'entraîne l'opinion contraire, nous sommes forcé de nous y ranger (2) ; il nous paraît impossible, en effet, d'admettre aucune exception au texte formel de l'art. 4 du Code de com. ; *Dura lex, sed lex.*

25. La femme peut-elle, sans l'autorisation de son mari ou de justice, reconnaître un enfant naturel qu'elle aurait eu avant son mariage?

La jurisprudence et la majorité des auteurs s'accordent à décider l'affirmative (3). On s'appuie dans ce système sur l'article 337, qui met le mari et les enfants communs à l'abri des effets de la reconnaissance faite par la femme ; il résulte de cette disposition, dit-on, que le mari ne doit nullement concourir à la reconnaissance. Comment soutenir, d'ailleurs, que la femme soit soumise pour cet acte à l'autorisation, si l'art. 215 ne lui impose cette nécessité que pour *donner*, *aliéner*, *hypothéquer* ou *acquérir* ; la reconnaissance ne rentre pas dans ces prohibitions, et il est inexact de dire que la reconnaissance oblige la femme ; c'est le fait de la naissance qui crée les obligations, la reconnaissance, n'est que la constatation de ce fait. On ajoute enfin que le droit de faire une reconnaissance est une faculté exclusivement

(1) Marcadé, art. 220, 1. — Demante, t. i, p. 451.
(2) Zachariæ, t. iii, p. 534. — Demol., t. iv, nº 148. — Bravard, Manuel, p. 17.
(3) Demolombe, t. 5, nº 587. — Loyseau,   p. 413.

personnelle à chacun; faculté qui ne peut s'exercer par délégation; qu'il fallait par conséquent prendre un des deux partis extrêmes; ou permettre à la femme d'exercer librement ce droit, ou le lui interdire d'une manière absolue; or, il est impossible d'admettre que la femme soit dans l'impossibilité absolue de faire une reconnaissance.

Ces raisons ne nous paraissent pas suffisamment concluantes, et nous ne saurions nous ranger à cette première opinion, quelles que soient les autorités qui la soutiennent.

Si l'on envisage en effet, sous son véritable jour, la reconnaissance d'un enfant naturel, on verra que ce n'est autre chose qu'un aveu. Le fait de la naissance, qu'on le considère comme un délit ou comme un quasi-délit, ce qui nous paraît plus exact, est, sans doute de nature à créer des obligations à la charge de la femme; mais des obligations ne résulteront de ce fait, qu'autant qu'il sera prouvé; et cette preuve, si elle émane de la femme elle-même, si c'est un aveu, une reconnaissance, ne peut produire effet que si elle remplit les conditions nécessaires à la validité d'un aveu. Or, il est de doctrine incontestable que l'aveu ne peut être invoqué que contre une personne capable de s'obliger (1). Il faut donc convenir que les principes du droit, mettent la reconnaissance d'un enfant naturel, parmi les actes interdits à ceux qui ne peuvent pas s'obliger; et une disposition formelle de la loi serait nécessaire pour

___

(1) Bonnier, p. 256.- Marcadé, t. v, p. 212.

déroger à ces principes. On a cru trouver cette disposition dans l'article 337; mais il ne nous paraît pas qu'une conclusion aussi importante puisse être tirée d'un article qui n'est pas fait pour la question. C'est seulement dans les motifs prêtés au législateur qu'on puise un argument; argument bien peu solide, car rien n'est plus facile que d'expliquer l'article 327, sans en conclure que la femme est dispensée d'autorisation.

La reconnaissance faite par la femme ne doit nuire ni au mari, ni aux enfants communs....

On peut soutenir que l'article s'applique, au cas où le mari ayant refusé son autorisation, la femme s'est adressée à la justice pour y suppléer; il était utile alors de décharger le mari des conséquences de la reconnaissance auxquelles il avait refusé de se soumettre. On peut aller plus loin, et dire que l'article est fort sage, et fort utile, alors même que le mari a donné son autorisation; car il était de l'intérêt de la femme et de l'intérêt de l'enfant naturel lui-même que la reconnaissance ne nuisît point au mari, ni à ses enfants, afin que celui-ci ne fût pas tenté de s'y opposer.

L'art. 337 n'est donc d'aucun poids dans la question, et nous restons sous l'empire des principes que nous avons exposés tout d'abord.

Quant à l'objection qu'on fait, tirée de ce que la reconnaissance serait un acte essentiellement attaché à la personne, et qui ne pourrait pas se faire par délégation, nous répondrons qu'il ne s'agit pas ici de faire une reconnaissance par délégation ; c'est toujours la femme qui fera elle-même cet acte ; seulement, à cause de son état d'incapacité, elle devra soumettre sa détermination à l'approbation de son mari ou de la justice.

26. La femme mariée peut-elle être arbitre?

Pour cette question, il importe de distinguer l'arbitrage forcé de l'arbitrage volontaire.

Quant à l'arbitrage forcé, c'est une fonction publique qui ne peut être remplie que par ceux qui jouissent de leurs droits civiques (1). Mais pour l'arbitrage volontaire, il nous paraît impossible d'adopter la même décision. C'est donc aller trop loin que refuser à la femme, d'une manière absolue, la capacité d'être arbitre.

Si la législation romaine allait jusque-là, cela tient à la condition si inférieure que les Romains ont toujours faite de la femme, à l'idée de faiblesse et d'*imbecellitas sexus* dont ils étaient imbus. Mais de pareilles idées ne peuvent pas avoir cours chez nous. Si l'arbitrage n'est pas une fonction publique, s'il ne nécessite pas la qualité de citoyen, nul doute que la femme ne soit apte à le remplir.

Or en écartant, comme nous l'avons fait, l'arbitrage forcé, l'arbitrage n'est plus qu'un mandat qui, comme tout autre, peut être accepté par la femme.

Il en est de même de l'expertise.

Mais si de pareils mandats peuvent valablement

____
(1) M. Royer-Collard, Cours de Droit des gens, 1853.

être acceptés par des femmes, ils entraînent des obligations dont ne peuvent pas librement se charger les
femmes mariées. L'autorisation du mari ou de justice
sera donc nécessaire à celles-ci pour que l'arbitrage
et l'expertise acceptés par elles produisent à leur
égard tous les effets qu'il est dans leur nature d'entraîner.

27. La femme mariée ne peut ni adopter, ni accepter une tutelle officieuse sans l'autorisation de son
mari. (Art. 345 et 362 Code Napoléon.)

Mais il faut remarquer avec M. Valette (1) que cette
nécessité d'autorisation ne découle pas de l'incapacité
de la femme; la loi n'a pas voulu que de pareils actes,
qui portent une atteinte si grave à la situation des
époux en créant de nouvelles affections, pussent être
faits par l'un d'eux sans le consentement de l'autre.

Et cette décision de la loi tient si peu à l'incapacité
de la femme, qu'aux termes des articles précités, le
mari qui voudrait faire une adoption ou accepter une
tutelle officieuse, se trouverait également dans la nécessité d'obtenir le consentement de sa femme.

Cette considération nous porte à croire que l'autorisation refusée par le mari ne pourrait pas être remplacée par l'autorisation de la justice. Mais la justice
pourrait très bien intervenir au cas d'absence ou
d'interdiction du mari.

28. Enfin, nous voyons dans les art. 1655, 1656,
1657 et 1658 des actes que la femme ne peut faire
seule; mais ici, non plus que dans les deux derniers

(1) Valette, sur Proudhon, t. 1, p. 157, n. a.

cas, l'impossibilité d'agir ne résulte pas de l'incapacité de la femme.

Un grand souci des intérêts de la femme a fait admettre dans le régime dotal le principe de l'inaliénabilité des immeubles dotaux.

A ce principe, quelques exceptions très restreintes ont été reconnues : dans certains cas graves déterminés par les articles que nous venons d'indiquer, les immeubles dotaux peuvent être aliénés; mais cette aliénation doit être faite avec de grandes précautions; tantôt l'autorisation du mari est nécessaire et ne peut pas être remplacée par l'autorisation de la justice; tantôt on accepte l'autorisation de la justice à défaut de celle du mari; tantôt enfin l'autorisation du mari est repoussée; la loi ne reconnaît que l'autorisation de la justice. L'examen de ces matières est en dehors de notre sujet.

SECTION II. — *Des actes que la femme mariée peut faire tantôt seule, tantôt avec l'autorisation de son mari ou de justice.*

29. L'incapacité de la femme est plus ou moins étendue, selon le régime sous lequel elle est mariée, et selon qu'elle est ou non commerçante. Il faut pourtant se garder de croire que cette extension ou cette restriction apportée aux facultés de la femme frappe tous les actes qu'elle peut avoir à faire; nous avons en effet distingué, en commençant ce chapitre, trois es-

pièces d'actes, dont une seule subit, quant à la capacité de la femme, les variations que lui impriment les
conventions matrimoniales. C'est cette classe d'actes
qui doit nous occuper maintenant.

La loi reconnaît quatre régimes de mariages, c'est-
à-dire quatre systèmes de rapports matrimoniaux qui
font chacun aux époux une situation différente : le
régime en communauté, le régime sans communauté,
celui de la séparation de biens et le régime dotal. Les
parties peuvent modifier à leur gré ces régimes, elles
peuvent même les combiner, et emprunter des dispositions à chacun d'eux. Nous ne nous préoccuperons pas
des dérogations apportées par la libre volonté des parties aux systèmes reconnus par la loi, parce que ces
dérogations peuvent varier à l'infini, et que d'ailleurs
il nous suffira de connaître les conditions que les régimes légaux font à la femme.

30. Le régime en communauté et le régime sans
communauté, retirent à la femme toute administration de ses biens. Dans le premier, tous les meubles
de la femme et tous les revenus de ses immeubles appartiennent à la communauté, que le mari administre
ainsi que les biens propres de la femme. Dans le second, le mari a la jouissance et l'administration de
tous les biens de la femme.

Sous ces deux régimes, l'incapacité de la femme est
donc complète. La femme ne peut sans autorisation
faire aucun acte d'aliénation ou d'acquisition, ni
s'obliger quel que soit le motif de son obligation et
quelque minime qu'en soit l'objet.

Cette éclipse de la femme derrière son mari a lieu d'étonner, surtout dans le régime sans communauté, où la femme n'a pas comme dans le premier des droits exorbitants lors de la liquidation des intérêts communs, droits qui compensent jusqu'à un certain point l'omnipotence du mari. Aussi le régime sans communauté est-il peu fréquent.

31. Quoi qu'il en soit, il y a certains actes auxquels le mari reste toujours étranger, et qui, dans toutes les familles, rentrent dans les attributions de la femme; nous voulons parler des actes qui concernent la direction du ménage. Ce n'est pas d'aujourd'hui que les femmes sont chargées des soins dont il s'agit, c'est une coutume bien ancienne ; nous en trouvons la preuve dans ce passage des arrêtés de Lamoignon (1) :

« L'obligation de la femme faite sans l'autorisation « du mari, pour victuailles et provisions ordinaires de « la maison, pour marchandises de drap, linge et au- « tres étoffes servant à l'usage nécessaire et ordi- « naire, est valable. » Nos mœurs actuelles ont per- pétué cet usage.

Comment expliquer que la femme puisse valable- ment acquérir, aliéner et contracter des obligations pour subvenir aux besoins journaliers de la famille, et cela, sous quelque régime qu'elle soit mariée?

On considère que la femme agit au nom de son mari, munie d'un mandat tacite (2) ; ce n'est donc pas elle qui aliène, qui acquiert ou s'oblige ; elle n'est que

(1) Tit. de la Communauté, art. 69.
(2) Dalloz, p. 48, 2, 59.

le chargé d'affaires, le *procurator* de son mari. Il importe d'insister sur cette idée et de ne pas confondre ce mandat avec une autorisation tacite.

Outre qu'il est douteux, comme nous le verrons plus tard, qu'une autorisation tacite soit suffisante, cette autorisation serait nulle à cause de sa généralité ; car la loi exige que l'autorisation soit spéciale, à moins qu'elle n'ait pour objet l'administration des biens personnels de la femme (art. 223, C. N.) — Et en supposant même, ce qui nous paraît impossible, qu'on voulût assimiler les actes en question aux actes d'administration prévus par l'art. 223, et se contenter de l'autorisation générale, il faudrait bien remarquer que les effets de cette autorisation seraient tous différents de ceux du mandat.

En effet, la femme autorisée, s'oblige elle-même et peut être personnellement poursuivie à raison de ses engagements ; quand elle est mandataire, au contraire, et c'est notre cas, elle reste personnellement en dehors de tous les actes qu'elle fait, elle oblige son mari, puisqu'elle parle en son nom, et c'est avec raison qu'on l'a comparée à l'intendant ou au maître-d'hôtel de son mari (1).

Ces idées sont applicables selon nous, même à la femme séparée de biens, ou mariée sous le régime dotal avec des paraphernaux. Sous ces régimes, quoique la femme ait l'administration de ses biens et puisse librement contracter des obligations dans cer-

(1) Demolombe, t. IV, n° 169.

taines limites, il faut remarquer qu'elle n'en est pas moins soumise à son mari pour toutes les dépenses nécessaires aux besoins communs; elle doit remettre entre ses mains la somme pour laquelle elle contribue aux charges du ménage, et c'est le mari qui en dispose.

Si donc la femme traite avec les fournisseurs pour les besoins du ménage, ce ne peut être qu'au nom du mari et en vertu de ce mandat tacite que nous venons de reconnaître.

32. Il ne faut cependant pas accepter ces idées d'une manière absolue; dans certaines circonstances, notamment lorsque la séparation de biens accompagne la séparation de corps, la position de la femme vis-à-vis de son mari n'est plus telle que nous venons de l'indiquer, la femme n'est plus tenue d'abandonner à son mari tout ce qu'elle doit fournir pour les dépenses communes; elle conserve, au contraire, tout ce qui est personnellement nécessaire, à elle et à ses enfants, si la garde des enfants lui a été confiée. Dans ces conditions, il est certain que la présomption de mandat tombe, et que la femme, en contractant avec les fournisseurs, s'oblige sur ses propres biens, et n'oblige pas son mari.

32 *bis*. Le mandat présumé de la femme ne doit pas s'étendre au delà de certaines limites. Ces limites varient suivant la fortune des époux. Si donc la femme a fait des dépenses excessives, hors de proportion avec les moyens de la famille; ou si, quoique s'étant renfermée dans les limites raisonnables, elle a laissé s'accumuler les notes des fournisseurs au point que ceux-ci soient coupables de n'en avoir pas prévenu le mari, il sera impossible de voir, dans les actes faits par la femme, l'exécution d'un mandat tacite. Le mari ne pourra pas être poursuivi à raison de ces actes, et les fournisseurs seront réduits à une action *de in rem verso* contre le mari ou la femme, s'ils ont tiré un profit des livraisons qu'on leur a faites, ou à prouver que le mari a eu connaissance de la conduite de sa femme, et qu'il ne s'y est pas opposé.

Les obligations contractées par la femme pourront même être déclarées nulles, si le mari a refusé de recevoir les choses qui en font l'objet, dès qu'elles ont été apportées au domicile conjugal, ou qu'il a eu connaissance qu'elles y étaient apportées, quand ces choses ne sont pas d'un usage nécessaire et habituel ; car l'idée de mandat ne peut s'étendre jusque-là.

Enfin, il sera possible au mari d'éviter un grand nombre de difficultés, en prévenant les tiers habituellement en rapport avec sa femme, qu'il lui a retiré sa confiance et refusera désormais d'acquitter les obligations contractées par elle.

33. Quand la femme est séparée de biens, ou que, mariée sous le régime dotal, elle a des paraphernaux ; en un mot, toutes les fois qu'elle s'est réservé l'administration de tout ou partie de ses biens, elle acquiert une certaine liberté dont il est souvent fort difficile de déterminer la mesure. Nous allons cependant essayer de la saisir.

Une première règle est posée par l'article **217** : *La*

femme, même non commune ou séparée de biens, ne peut donner, aliéner, hypothéquer, acquérir à titre gratuit ou onéreux, sans le concours du mari dans l'acte ou son consentement par écrit.

Nous remarquerons dans cet article une inexactitude qui consiste à mettre sur la même ligne la femme non commune et la femme séparée de biens ; car la femme non commune est dépourvue de l'administration de ses biens, et est frappée de la même incapacité que la femme commune, ainsi que nous l'avons déjà montré.

Le principe posé par l'article 217 est bien absolu, et semble exclure toute différence entre la femme séparée de biens et celles qui sont mariées sous d'autres régimes. Et en effet, quels sont les actes qu'a le droit de faire une personne qui ne peut *donner, aliéner, hypothéquer, acquérir à titre gratuit et onéreux ?*

Disons tout de suite que cette disposition rigoureuse a été modifiée par plusieurs articles du Code-Napoléon.

Art. 1449. — *La femme séparée soit de corps et de biens, soit de biens seulement, en reprend la libre administration ; elle peut disposer de son mobilier et l'aliéner.*

Art. 1536. — *Lorsque les époux ont stipulé par leur contrat de mariage qu'ils seraient séparés de biens, la femme conservera l'entière administration de ses biens meubles et immeubles et la jouissance de ses revenus.*

Ces deux articles, dont l'un s'occupe de la séparation judiciaire, et l'autre de la séparation convention-
nelle, ne sont pas, comme on le voit, rédigés de la
même manière. Le premier permet à la femme d'aliéner librement son mobilier ; le second reste muet sur
ce point.

De ce silence de l'art. 1536 quelques auteurs (1)
ont conclu que la femme séparée conventionnellement
n'avait pas le droit de disposer de son mobilier ; ils
ont raisonné ainsi :

Le principe, quant à l'incapacité de la femme séparée de biens, est dans l'art. 217. — La femme ne
peut ni aliéner, ni hypothéquer ses biens, de quelque
nature qu'ils soient. — On a fait exception à cette
règle pour le cas où la séparation de biens résulterait
d'un jugement, parce qu'alors le mauvais état des
affaires de la femme a rendu nécessaires des mesures
promptes, une administration vigilante qui seraient
entravées, si la femme était obligée de recourir à une
autorisation pour disposer de ses meubles. Le même
motif ne se rencontre pas dans la séparation de biens
contractuelle. Et d'ailleurs, cette interprétation est la
seule qui puisse concilier l'art. 217 avec les art. 1449
et 1536 ; — car si on ne veut reconnaître aucune
différence entre les deux séparations de biens, il faut
rayer la disposition de l'art. 217 qui interdit à la
femme même séparée d'aliéner ses biens, quels qu'ils
soient.

On doit pourtant, malgré ces raisons, décider que
la femme séparée de biens, même par contrat de ma-

(1) Vazeille, t. II, nᵒˢ 315 et 316.

riage, peut disposer de son mobilier sans autorisation, et que le législateur a dérogé à l'art. 217 dans les art. 1449 et 1536.

En effet, comment justifier une distinction à cet égard entre la séparation de biens contractuelle et la séparation judiciaire ? — Le motif qu'on en donne n'est pas sérieux ; si les affaires de la femme périclitent, si elles réclament de grands soins, il serait plus juste de forcer la femme à s'éclairer des lumières de la justice que de l'abandonner à son inexpérience ; c'est donc faire le procès à la loi au lieu de l'expliquer, que de s'appuyer, pour établir la différence que nous combattons, sur les circonstances qui accompagnent le jugement de séparation.

Il ne faut voir, dans le silence de l'art. 1536, qu'un oubli, qui d'ailleurs est bientôt réparé par l'art. 1538, ainsi conçu : *Dans aucun cas, ni à la faveur d'aucune stipulation, la femme ne peut aliéner ses immeubles sans le consentement spécial de son mari, etc.* L'argument *à contrario* est ici sans réplique, et la défense faite à la femme d'aliéner ses immeubles indique clairement que dans l'esprit de la loi l'aliénation des meubles est permise.

Comment d'ailleurs comprendre une administration, que la loi s'applique à nommer *entière*, une jouissance de revenus qu'elle veut *libre*, sans le droit d'aliéner les meubles ?... Comment admettre que la femme, qui a l'*entière administration de ses biens*, ne puisse vendre ses récoltes, renouveler son bétail et faire tant d'autres actes de disposition qui constituent l'administration même sans recourir à l'autorisation du mari ou de justice?

Il faut donc reconnaître que la séparation judiciaire et la séparation contractuelle se confondent, qu'elles sont toutes deux soumises aux mêmes règles, ou plutôt, comme le dit fort bien M. Demolombe (1), qu'il n'y a qu'une seule séparation de biens.

33 *bis*. Nous assimilerons à la femme séparée de biens, quant à ses paraphernaux, la femme mariée sous le régime dotal ; l'art. 1576 est aussi incomplet que l'art. 1536 ; il donne à la femme l'administration et la jouissance des paraphernaux, et lui interdit le droit de les aliéner ; mais il néglige de distinguer les meubles des immeubles ; cette omission ne doit pas tourner au détriment de la femme ; le droit d'administrer, nous l'avons dit, emporte virtuellement le droit d'aliéner les meubles, l'un est la conséquence nécessaire de l'autre.

34. Deux questions fort graves et fort débattues s'élèvent sur l'administration de la femme séparée et sur l'aliénation de son mobilier.

On se demande, d'une part, si la femme ayant le droit d'aliéner ses meubles peut librement s'obliger jusqu'à concurrence de son mobilier. On se demande, d'autre part, si le droit d'aliéner les meubles est, pour la femme, un droit absolu, ou si, n'étant qu'une conséquence de l'administration, il doit être restreint dans les limites de cette administration.

La jurisprudence a longtemps varié sur la pre-

(1) T. IV, n° 148.

mière question (1), mais la Cour de cassation après
avoir plusieurs fois décidé que le droit d'aliéner per-
mettait à la femme de s'obliger en toute liberté, est
revenue sur ses premiers arrêts, et paraît maintenant ne plus hésiter à restreindre le droit d'obligation pour la femme dans les limites de l'administration (1). C'est la décision qui nous paraît la
meilleure, et que nous adopterons avec la majorité
des auteurs (2).

Quoi de plus contraire, en effet, à l'autorité maritale, que ce droit qu'aurait la femme de s'obliger indéfiniment sur son mobilier, de contracter des em-
prunts, faire des achats, accepter des mandats sans
autorisation? Et comment soutenir que tout cela soit
compris dans le droit donné à la femme d'administrer et d'aliéner ses meubles?

On a prétendu, il est vrai, que la femme n'était
pas déclarée par la loi incapable de s'obliger; on a
dit que la nullité des obligations de la femme ne venait pas de ce que les obligations lui étaient interdites,
mais résultait seulement de ce que les tiers contractant avec elle ne pouvaient pas poursuivre l'exécution
de ses obligations sur ses biens, à cause de l'impossibilité où elle était de les aliéner; que par conséquent,
dès que la défense d'aliéner était levée, la femme
rentrait dans l'exercice de sa capacité de s'obliger
qu'elle n'avait jamais perdue; et on s'est appuyé,
pour soutenir cette thèse, sur l'art. 217, qui est l'ar-

(1) Dalloz, p. 27, 2, 136. — Dalloz, p. 33, 2, 81. — Sirey, 1820, 1, 315.
(2) Duranton, t. 11, n° 492. — Marcadé, t. v, art. 1419, 3. — Demolombe, t. iv, n° 163.

ticle principe, pour l'incapacité de la femme, et qui ne défend pas à celle-ci l'obligation, mais seulement l'acquisition ou l'aliénation à titre gratuit ou onéreux, et on a repoussé l'argument tiré des art. 219, 221, 222 et 224 qui supposent que l'autorisation est nécessaire à la femme pour *passer un acte* et pour *contracter*, sur le motif que ces articles sont simplement explicatifs de l'art. 217, et ne doivent rien ajouter à sa disposi·tion.

Cette prétention nous semble inadmissible, et il est vraiment trop facile de repousser plusieurs articles de la loi, en alléguant qu'ils ne sont destinés qu'à expliquer un article précédent. — On voit clairement, au contraire, que la suite des art. 217 à 224 forme un ensemble de dispositions qui doivent être étudiées collectivement si on veut saisir l'esprit du législateur; l'art. 217 n'est peut-être pas tout à fait complet, mais il doit se combiner avec les suivants, qui à eux tous donnent la mesure de l'incapacité de la femme mariée.

D'ailleurs, la disposition de l'art. 220, relatif à la la femme commerçante, et qui, à coup sûr, ne peut pas être qualifié d'explicatif, puisqu'il prévoit une hypothèse toute spéciale, présente un argument *à contrario*, auquel on n'a pas répondu. Le législateur a cru nécessaire de permettre expressément à la femme commerçante *de s'obliger* sans l'autorisation de son mari. — La femme ne peut donc pas s'obliger sans cette autorisation, quand elle ne fait pas le commerce.

Ajoutons que cette incapacité de la femme d'aliéner indirectement ses meubles par des obligations, quand les aliénations directes lui sont permises, est fort aisée à justifier et n'est que l'application de principes toujours reconnus, tant dans notre ancien droit français que dans le droit romain. On sait, en effet, et cette idée est vulgaire en droit, combien est plus dangereuse l'obligation que l'aliénation, l'hypothèque que le dépouillement actuel de la propriété; les débiteurs s'illusionnent sur leurs ressources à venir, contractent des engagements auxquels il leur sera impossible de faire honneur à l'échéance et dont ils ne sentent pas dès à présent la gravité. — L'aliénation, au contraire, ayant des effets immédiats, ne trompe pas celui qui vend ou qui donne, et nécessite moins de prévoyance.

Tels sont les sentiments qui avaient dicté cette disposition de la loi Julia, aux termes de laquelle l'immeuble dotal pouvait être vendu par le mari avec l'autorisation de la femme, mais ne pouvait jamais être hypothéqué. C'est encore sous l'empire des mêmes idées que le sénatus-consulte Velléien, qui avait permis aux femmes de payer la dette d'autrui, leur avait défendu de la cautionner.

Nous arrivons donc à cette conclusion, que si la femme séparée de biens peut contracter des obligations, ce n'est pas parce qu'elle peut aliéner ses meubles; c'est une suite de son droit d'administration, et ses obligations, par conséquent, ne peuvent pas dépasser les limites de l'administration.

35. Mais que dirons-nous de l'aliénation elle-même ? Est-elle pour la femme un droit absolu, ou, comme l'obligation, une conséquence du droit d'administrer ?

Telle est la seconde question que nous avons proposée. On l'a trop souvent confondue avec la première, dont elle est cependant bien différente. C'est ainsi que M. Troplong (1) traite simultanément ces deux points et qualifie de *Thèse bizarre*, la distinction faite par MM. Rodière et Pont, entre le droit de s'obliger et le droit d'aliéner.

M. Troplong ne voit qu'une seule difficulté : la femme peut-elle s'obliger sur ses meubles, ou bien, ce qui revient au même, peut-elle aliéner son mobilier librement, ou seulement dans les limites de son administration ?

MM. Rodière et Pont (2) en reconnaissent deux comme nous, et ne trouvent dans les monuments de la jurisprudence que la solution de la première. — La difficulté s'est toujours présentée à l'occasion d'une obligation contractée par la femme (3), et jamais au sujet d'une aliénation directe. Ils en concluent que la question reste entière à l'égard de l'aliénation directe. En effet, on voit la Cour de Montpellier insister dans son arrêt du 10 juin 1850, sur cette idée que : *l'emprunt est toute autre chose que l'aliénation, et a d'autres conséquences ; que de cela que la femme séparée peut aliéner son mobilier, il ne s'ensuit pas qu'elle*

(1) Contrat de mariage, t. ii, n° 1419.
(2) Contrat de mariage, t. ii. n° 882.
(3) Dalloz, a. 140, n° 15. — Id. p. 29, 1, 187 et 237. — Id. 31, 1, 13 et 2, 155. — Id. p. 42, 2, 328. — Id. p. 15, 2, 110.

puisse emprunter. On voit encore la Cour de Paris rappeler les mêmes principes, et si la Cour de cassation n'établit pas aussi catégoriquement cette distinction, ses considérants ne la repoussent pas dans son arrêt du 7 août 1820. Il faut donc reconnaître l'existence de deux questions qui peuvent être résolues différemment. Jusqu'ici nous sommes d'accord avec MM. Rodière et Pont, mais il nous est impossible de les suivre dans la solution qu'ils donnent à notre question. Il nous semble en effet certain que l'aliénation n'est permise à la femme que pour faciliter son administration. Un droit plus étendu serait funeste à l'autorité maritale, et il faut entendre avec une grande restriction toutes les dispositions qui sont de nature à porter atteinte à cette puissance entourée par la loi de tant de respect.

Si l'art. 1449 déroge, comme nous l'avons dit plus haut, à l'art. 217, en donnant à la femme une très large administration, faut-il aller jusqu'à prétendre que cet article 217 est effacé par l'art. 1449, que le législateur s'est contredit d'une manière flagrante dans ces deux dispositions; qu'après avoir interdit dans l'une toute aliénation mobilière, il autorise dans l'autre toute espèce d'aliénation de meubles, fût-ce à titre de libéralité? Cette opinion, poussée jusqu'à ces dernières conséquences, nous paraît insoutenable; elle tombe d'elle-même quand on voit la contradiction dont elle accuse gratuitement le législateur, et quand on voit que cette contradiction amène à des résultats contraires aux idées les plus fondamentales en matière de mariage : la femme pouvant librement faire des libéralités !

Rappelons-nous d'ailleurs que les articles 1536 et 1576 n'accordent pas formellement à la femme le droit d'aliéner ses meubles quand elle est séparée contractuellement ou mariée sous le régime dotal ; il faudrait bien se garder de lui appliquer par analogie la disposition de l'article 1449 entendue dans le sens que nous repoussons, puisque cette disposition est si défectueuse, et on se verrait alors dans la nécessité de faire une distinction entre la femme séparée par jugement et celle séparée par contrat ou mariée sous le régime dotal, distinction que nous avons écartée comme absurde et dénuée de tout fondement.

Reconnaissons donc, avec la majorité des auteurs (1), que le principe en matière d'incapacité est dans l'article 217, et que toutes les dérogations qu'on rencontre à ce principe doivent être conciliées avec cet article ; si l'article 1449 permet l'aliénation des meubles, ce ne doit pas être une abrogation de la règle, abrogation qu'on serait d'ailleurs dans l'impuissance de justifier. C'est seulement une exception amenée nécessairement par le droit d'administrer qu'on accorde à la femme. Le législateur a voulu lever les scrupules des jurisconsultes. La femme administre, aurait-on pu dire, elle contracte des engagements

____

(1) Duranton, t. II, p. 192. — Zachariæ, t. III, p. 182-183. — Valette, sur Proudhon, t. I, p. 163. — Marcadé, t. V, p. 582. — Demolombe, t. IV, n° 135.

pour les besoins de son administration : ses biens seront saisis si elle ne satisfait pas à ses engagements; mais elle ne peut·pas, spontanément aliéner ses meubles pour éviter la saisie, car l'aliénation lui est interdite par l'article 27.

C'est cette aliénation que le législateur a voulu permettre, afin d'éviter pour la femme, les retards, les frais d'une saisie, et le discrédit qui rejaillit sur un débiteur, quand il a été l'objet de cette rigueur.

Nous avons dit plus haut que la jurisprudence était muette sur cette question; il y a pourtant un arrêt tout récent (le seul que nous ayons trouvé) qui statue sur une aliénation faite par la femme : il s'agissait de donations manuelles faites par une mère séparée de biens à sa fille, et la Cour de Paris, par un arrêt du 8 juin 1851 (1), contrairement au jugement du Tribunal de la Seine, a jugé que ces donations n'étaient pas valablement faites, l'article 1449 n'autorisant l'aliénation des capitaux mobiliers que comme conséquence de l'administration.

Ainsi, la femme ne peut aliéner ses meubles sans le consentement de son mari ou de justice que pour les besoins de son administration.

36. Nous avons vu au n° 34 que la femme peut contracter des engagements, quand son administration l'exige; mais sur quoi ces engagements seront-ils poursuivis? quels biens seront affectés comme gage aux créanciers? C'est une question fort grave qu'il importe d'examiner ici.

(1) D p. 52, 2, 22.

Deux opinions se sont offertes dont l'une restreint aux meubles le gage des créanciers et l'autre l'étend à tous les biens. Cette dernière nous semble bien préférable : nous allons en exposer les motifs.

Quand une personne s'oblige, ses créanciers ne consentent à l'accepter pour débitrice qu'à cause des sûretés que leur présente son patrimoine ; ils conçoivent la juste espérance que ce patrimoine servira à les désintéresser : il y aurait donc injustice à soustraire à leurs poursuites les biens qui les ont déterminés à accorder un crédit. Aussi l'article 2092 pose-t-il en principe : Que « *quiconque s'est obligé personnelle-* « *ment est tenu de remplir son engagement sur* « *tous ses biens mobiliers et immobiliers, présents* « *et à venir.* » Ce principe d'équité est absolu, il doit donc être appliqué toutes les fois qu'une disposition formelle n'est pas venue y apporter une dérogation ; or, nous n'en trouvons aucune dans l'article 1449.

On prétend que l'argument tiré de l'article 2092 est une pétition de principe (1), que cet article n'est applicable que dans le cas d'obligations pleinement valables ; et que la question est précisément de savoir si l'obligation contractée par la femme est pleinement valable. Mais ce reproche n'est pas fondé ; on propose une obligation que l'article 1449 rend la femme habile à contracter ; cette obligation est donc valable, et nous lui appliquons l'article 2092 qui est le principe général ; pour que cet article soit inapplicable, il faut

(1) Marcadé, t. v, p 583. — Zachariæ, t. iii, p. 181.

une disposition expresse de la loi qui le repousse, et nous ne voyons pas cette disposition.

L'incapacité d'aliéner, dit on, emporte l'incapacité de s'obliger ; or, là femme ne pouvant pas aliéner ses meubles, ne peut pas non plus s'obliger sur ses immeubles. L'argument n'est pas bon ; il est vrai qu'en principe on regarde comme incapable de s'obliger celui qui ne peut pas aliéner ; mais quand la loi déroge elle-même à cet ordre de choses, quand elle autorise expressément l'obligation tout en maintenant la prohibition d'aliéner, la règle tombe; et c'est précisément ce qui arrive. Dira-t-on que l'autorisation pour la femme de s'obliger résulte du 2e alinéa de l'art. 1449, qui permet d'aliéner les meubles, et que, par conséquent, il n'y a que l'obligation sur les meubles qui soit permise ? C'est une erreur : le droit de s'obliger résulte du droit d'administrer ; la femme peut s'obliger par cela seul qu'elle administre, et qu'une administration est impraticable de la part de celui auquel tout engagement est défendu.

Quant au second alinéa, il a pour objet, nous l'avons déjà dit, de faciliter l'administration par la faculté de disposer spontanément des meubles ; le législateur n'a pas été aussi loin pour la disposition des immeubles, parce que c'eût été dangereux. Mais en résulte-t-il que les créanciers de la femme ne puissent pas se faire payer sur les immeubles? Nullement : on voit clairement qu'à cet égard, la règle est dans le premier alinéa de l'article 1449.

On ajoute que si les besoins de l'administration

sont accidentellement si considérables qu'il faille aliéner les immeubles pour y satisfaire, il est bien juste que le mari soit consulté. Cette considération nous semble inexacte à un double point de vue : d'abord, n'est-il pas possible que la fortune de la femme se compose uniquement de biens immobiliers? Dans ce cas, ce ne sont pas des besoins très considérables, ce sont les plus modiques, les plus usuels, les plus indispensables, qui forcent non pas à aliéner les immeubles, mais à contracter des engagements pour lesquels les créanciers n'auront d'autres garanties que les immeubles. Ces engagements seront-ils nuls? Dira-t-on que la loi n'a permis l'administration à la femme que quand elle aurait à sa disposition des valeurs mobilières ; que la femme séparée de biens qui n'a que des immeubles se trouve en dehors de l'application de l'art. 1449 ; qu'elle est frappée de la même incapacité que la femme commune? Dira-t-on que la femme séparée de biens qui a emprunté de l'argent à des personnes ayant eu connaissance de son régime matrimonial et ayant eu foi dans la capacité que lui donnait l'article 1449, pourra écarter ces personnes en leur disant qu'elle n'a que des immeubles, et que ses immeubles sont à l'abri de leurs poursuites?

Évidemment, ces résultats sont inadmissibles, et il y a loin de ces engagements modiques et fréquents, aux besoins très considérables qu'on avait supposés.

Enfin, l'objection que nous avons rapportée nous paraît inexacte à cet autre point de vue, que l'importance des besoins qui forcent la femme à s'obliger est tout-à-fait indifférente dans cette question. Et en effet, de deux choses l'une, ou l'obligation contractée par la femme n'a pas pour cause l'administration, et alors elle est nulle ; ou bien elle a pour cause l'administra-tion, et, dans ce cas, quelle que soit la valeur de son objet, elle est valable, aux termes de l'art. 1449, qui autorise tout acte relatif à l'administration. Concluons donc que les engagements de la femme sont valables et exécutables tant sur les meubles que sur les immeu-bles, pourvu qu'ils soient contractés dans les limites de l'administration (1).

37. Mais à qui incombera l'obligation de prouver si l'acte est fait ou non en vue de l'administration ?

La présomption nous paraît devoir être contre les tiers. Le principe est l'incapacité de la femme; l'habi-leté de celle-ci aux actes d'administration, est l'exception ; or, on ne présume jamais l'exception ; ce sera donc aux tiers à prouver que l'obligation con-tractée par la femme à leur profit est précisément de la nature de celles que la loi déclare valables. Pour-tant, il ne faut pas être trop rigoureux sur ce point ; il sera souvent fort difficile de saisir la limite entre les actes d'administration et les actes qui n'en sont pas, entre ceux qui sont sagement faits et ceux qui dénotent une mauvaise administration : on devra, en conséquence, avoir égard à la bonne foi des tiers, et valider les actes qui ont pu être considérés par eux

<hr>

(1) Rodière et Pont, t. II, p. 883. — Duranton, t. II, p. 192. — Valette, sur Proudhon, t. I, p. 163. — Demolombe, t. IV, p. 161.

comme rentrant dans l'administration, quoique, en réalité, ils l'aient dépassée.

Qu'est-ce que l'administration? quels sont les actes qu'elle comprend, ceux qu'elle exclut? Il importe de donner à ce sujet quelques notions.

38. On entend généralement par administration, l'ensemble des actes qui ont pour but l'entretien, la conservation et la jouissance des biens.

Le droit d'administration n'est cependant pas toujours le même, il varie selon le degré de capacité que la loi reconnaît à la personne qui en jouit, ou le degré de confiance qu'elle lui accorde ; ainsi, l'administration du tuteur et celle du mineur émancipé sont différentes de l'administration de la femme séparée de biens ; celle-ci, à son tour, diffère de l'administration du mari, marié en communauté, sans communauté, ou sous le régime dotal.

L'administration de la femme est libre (1449), elle est entière (1536). Elle est donc plus étendue que celle du tuteur ou du mineur émancipé, que la loi s'applique à restreindre autant que possible par l'autorisation du conseil de famille et l'homologation du tribunal, pour le premier, et par l'intervention d'un curateur, pour le second. Elle se rapproche beaucoup de l'administration du mari ; elle en diffère cependant, en ce qu'elle ne donne pas à la femme le droit d'intenter et de soutenir les actions pétitoires mobilières et les actions possessoires immobilières, car celle-ci ne peut jamais ester en justice sans autorisation (215). Elle en diffère même encore, comme nous allons le voir, si l'on admet que la femme séparée puisse valablement faire des baux d'une durée illimitée.

Quoi qu'il en soit, et sans entrer dans des détails qui sortiraient de notre sujet, l'administration consiste, nous le répétons, dans l'entretien, la conservation et la jouissance.

Ainsi, la femme séparée jouit de ses biens, comme bon lui semble; si elle a des immeubles, elle peut les donner à bail ou les exploiter par elle-même. Etant capable de faire un bail, elle peut y introduire toutes les clauses d'usage, stipuler tel ou tel avantage, tel ou tel mode de fermage à son gré.

39. Une question se présente cependant quant à la durée du bail. La femme est-elle soumise à la restriction des articles (1429, 1430, 481)? Cette question ne paraît pas faire doute dans l'esprit des auteurs. Les articles précités, faits pour le mari administrateur et pour le mineur émancipé, restreignant à 9 ans la durée des baux, s'appliquent sans difficulté à toute personne chargée par la loi d'une administration.

Mais nous éprouvons une grande peine à nous ranger à cet avis commun: sans doute, nous accordons par analogie l'application de ces articles au tuteur, l'analogie en effet est complète : la loi n'a pas voulu que le propriétaire des biens administrés fût lésé par un long bail peut-être désavantageux une fois qu'il aurait repris l'administration de ses propres biens. Mais l'analogie n'existe pas entre la situation du mari et celle de la femme séparée; car dans notre hypothèse, l'administrateur et le propriétaire des biens se confondent. Dira-t-on que la femme est dans la même position que le mineur émancipé, qu'il faut raisonner à *simili* et lui appliquer la disposition de l'art. 481. Ici encore, nous repoussons l'argument. Le mineur émancipé est dans un âge qui implique l'inexpérience, si la loi met entre ses mains la conduite de ses affaires, elle ne le fait qu'en tremb'ant; et on voit, en lisant le chapitre de l'émancipation, combien elle a pris soin de déterminer les limites étroites de cette administration qu'elle n'accordait, pour ainsi dire, qu'à regret.

Qu'on parcoure au contraire les dispositions relatives à l'administration (1449, 1536, 1576) de la femme, on ne verra aucune restriction apportée au droit de celle-ci : au contraire, le législateur insiste pour faire comprendre combien il donne un caractère large à cette administration, il déclare qu'elle est *libre* et *entière*. Cette insistance n'est-elle pas bien significative, et ne doit-elle pas faire repousser tout rapprochement entre l'administration de la femme, et l'administration si restreinte du mineur émancipé ?

Nous le pensons ; aussi accordons-nous à la femme le droit de faire valablement des baux d'une durée illimitée.

40. Quant à ses meubles, la femme a un droit plus étendu. La loi lui permet de les aliéner, pourvu que l'aliénation soit faite, non pas dans un but de dissipation ou de caprice, mais afin d'employer le capital provenant de la vente à un usage utile.

41. Quelquefois l'aliénation de la femme sera mal entendue, il lui eût été plus avantageux de garder la chose aliénée que de s'en défaire. — La femme aura fait alors un acte de mauvaise administration, mais il n'en faut pas conclure que cet acte soit nul comme dépassant ses pouvoirs. Ce n'est pas le résultat de l'acte qu'il faut considérer pour lui assigner le caractère d'acte d'administration, c'est l'intention que s'est proposée son auteur.

Ainsi, la femme qui a vendu des créances, exigé le remboursement de rentes pour dissiper son capital en folles dépenses, a fait un acte nul. Mais si la vente de créances, ou ce remboursement de rente a été fait afin d'effectuer un nouveau placement, de payer des dettes onéreuses, ou de faire des réparations nécessaires à un immeuble, l'acte est valable, eût-il été fait en temps inopportun ou à des conditions désavantageuses, car il est fait dans un but d'administration, et la loi permet à la femme l'aliénation de son mobilier dans les limites de l'administration.

42. Une conséquence du droit d'aliéner est que la femme peut valablement payer une dette mobilière.

43. Pourrait-elle acquitter la dette d'autrui ? Nous ne le pensons pas, car il est impossible de voir là un acte d'administration, alors même qu'elle se ferait subroger dans les droits du créancier. — La femme, en effectuant ce paiement rend un service au débiteur, et elle n'a pas reçu capacité à cet effet.

Il en serait autrement si la femme se trouvait dans le cas du 2° de l'art. 1236, si elle agissait en son nom propre. On sait, en effet que, dans ce cas, celui qui paie et qui se fait subroger, ne fait pas un véritable paiement, et ne reçoit pas en réalité la subrogation; l'acte qu'il fait est mal qualifié, c'est une cession de créance; or, la femme a capacité pour acheter une créance, car c'est pour elle un moyen de faire valoir son capital.

14. L'emprunt est une aliénation indirecte qui doit être permise à la femme pour satisfaire aux besoins de son administration. — Nous avons vu plus haut, quelles étaient les conséquences de l'emprunt et les biens sur lesquels les créanciers de la femme peuvent poursuivre l'exécution de ses engagements; mais de ce que les immeubles même de la femme sont implicitement engagés par l'obligation qu'elle a contractée, il ne faut pas conclure qu'elle puisse les hypothéquer.

15. Le droit d'hypothèque n'est pas plus une conséquence de l'obligation que le droit d'aliéner; il n'y a aucune contradiction à voir une personne engager valablement des biens par obligations, alors qu'elle n'a pas le droit de les hypothéquer et de les aliéner.

C'est ainsi que nous voyons le tuteur engager les biens de son pupille, et le mineur émancipé ses propres biens pour l'administration, quoique tous deux soient certainement incapables de consentir des hypothèques.

16. Non-seulement la femme peut aliéner les biens meubles dans le but d'administrer, mais elle peut aussi toucher les capitaux, acquérir de nouveaux biens. Car ce serait restreindre outre mesure l'administration

de la femme que de la forcer à user de ses capitaux en les prêtant à intérêt. Elle pourra donc acheter des créances, stipuler ou se faire concéder des rentes, soit sur particuliers, soit sur l'État, etc.

17. Il se présente à ce sujet plusieurs questions, et il s'en faut que tout le monde accorde à la femme une capacité absolue pour faire emploi de ses capitaux.

Ainsi on lui a contesté le droit d'acheter un usufruit, ou de placer ses fonds en rente viagère. Mais le doute qu'on a élevé à ce sujet n'est pas sérieux; car à moins que cette acquisition ne cache un autre contrat, elle est de la part de la femme un acte d'administration, un placement.

48 On a prétendu encore que la femme ne pouvait pas acheter d'immeubles : et cette prétention s'est appuyée de l'art. 217 qui interdit à la femme d'acquérir à titre gratuit ou onéreux. L'argument ne nous séduit pas : nous avons vu que l'art. 1449 apporte une grande modification à l'art. 217, en donnant à la femme la libre administration de ses biens. Ce point admis, il faut en accepter les conséquences : la femme peut administrer librement, donc on doit lui reconnaître la capacité de faire tous les actes qui rentrent dans l'administration. Ainsi, la femme a-t-elle un capital inoccupé, elle peut, tout le monde le reconnaîtra, acheter des rentes ou des créances; pourquoi ne pourrait-elle pas acheter un immeuble? n'est-ce pas aussi un placement? Il n'y a vraiment aucune raison de distinguer si l'objet de l'acquisition est mo-

bilier ou immobilier. Ce qu'il faut voir, c'est l'usage qu'on peut tirer de l'immeuble. — Si c'est une propriété d'agrément qui a été achetée, le contrat est nul, à moins que cette propriété n'ait été payée avec une portion des revenus. Mais si la femme a acheté un immeuble de nature à lui procurer des fruits, elle est restée, selon nous, dans les limites de sa capacité.

49. Ici se terminent les explications que nous avions à donner sur l'état de la femme séparée de biens; nous avons essayé de montrer comment il faut entendre l'administration que la loi lui donne, et comment cette administration doit se concilier avec l'incapacité d'acquérir et d'aliéner qui résulte de l'art. 217.

49 *bis*. Il est bon de rappeler, avant de quitter ce sujet, que la femme ne peut jamais ester en justice, même pour des cas d'administration; elle ne peut non plus compromettre, ainsi que nous l'avons décidé dans la section précédente, mais nous pensons qu'elle peut transiger sur les objets dont elle a la disposition, quand les besoins de l'administration l'exigent (art. 2045 C N.).

50. La condition de la femme mariée que nous avons trouvée modifiée par la séparation de biens l'est plus profondément encore quand celle-ci a été autorisée à faire le commerce.

Dans la femme commerçante, il y a pour ainsi dire, deux personnes : la femme mariée, le commerçant. Si on laisse de côté les actes relatifs au commerce, pour ne s'occuper que des autres actes que la femme peut se trouver dans le cas de faire, on voit que sa situation est celle qui lui est faite par son contrat de mariage : elle n'est pas modifiée par son état de marchande publique. Mais, pour tout ce qui concerne l'exercice de son commerce, la femme acquiert une capacité fort étendue sur laquelle nous devons insister.

51. La femme mariée ne peut être commerçante, que moyennant une autorisation de son mari ou de la justice. Il est à remarquer que cette autorisation, dont nous étudierons les formes dans le chapitre suivant, présente un caractère tout exceptionnel et contraire au principe de spécialité posé par l'art. 223; elle suffit pour habiliter la femme à faire valablement désormais tous les actes qui seront la conséquence de son commerce. C'est qu'en effet le législateur se trouvait dans l'alternative, ou d'interdire le commerce à la femme, ou de le lui permettre d'une manière absolue; il ne pouvait pas être question de la soumettre à l'autorisation pour chacun des actes qu'elle aurait eu à faire, c'eût été rendre impossible l'exercice d'une profession dans laquelle la spontanéité des résolutions et la promptitude dans les opérations est presque toujours une condition du succès. Il n'y avait pas lieu d'hésiter, et le législateur a compris qu'il était moins fâcheux de porter atteinte à la puissance maritale, en permettant une autorisation générale, que de retirer à la famille le profit qu'elle peut retirer du commerce fait par la femme.

52. Celle-ci dûment autorisée est donc capable pour *tout ce qui concerne son négoce* (220, C. N., 5, C. de c.);

elle peut s'obliger, acquérir, aliéner ses meubles, elle peut même aliéner et hypothéquer ses immeubles (7, C. de c.), sauf les cas d'inaliénabilité du régime dotal. En un mot, il n'y a qu'un seul acte que l'autorisation ne comprenne pas, c'est l'instance en justice. Le principe de l'art. 215 est absolu et ne souffre aucune exception. *La femme ne peut ester en jugement quand même elle serait marchande publique*, dit la loi. Hors de là, nous le répétons, il n'est aucun cas que la femme ne soit habile à faire quand elle est commerçante.

Il faut toutefois bien s'entendre sur la portée de l'autorisation et ne pas croire que la femme, par cela seul qu'elle est marchande publique, soit capable de faire tout acte de commerce; elle ne peut faire que les actes *qui concerne son négoce*. Si donc la femme cautionne commercialement un tiers, son obligation est nulle, car, quoique commerciale, cette obligation est en dehors de son négoce.

53. Si la femme contracte une société, elle fait encore un acte nul, à moins que cette société n'ait été prévue d'avance par le mari; car il est impossible de considérer le contrat de société fait par la femme comme un acte de son commerce. C'est, au contraire, un acte qui modifie essentiellement l'état qu'elle a été autorisée à prendre; et on comprend très bien qu'un mari qui a consenti à renoncer à une partie de son autorité sur sa femme, dans l'intérêt de celle-ci ou dans l'intérêt commun, soit pourtant fort éloigné de la voir s'associer à un tiers qu'il ne connaît pas, pour

un temps et à des conditions qu'il n'a pas pu prévoir (1).

54. Quand une femme mariée, artiste dramatique, contracte un engagement théâtral, est-elle valablement obligée ?

La question est analogue à la précédente : l'actrice est commerçante, c'est au moins un point reconnu par la jurisprudence ; elle a donc dû, pour contracter un premier engagement, pour embrasser la carrière dramatique, être autorisée. Il s'agit de savoir en quels termes l'autorisation lui a été accordée.

Le mari a-t-il habilité sa femme d'une manière générale à exercer la profession d'actrice, sans déterminer la scène sur laquelle elle devait jouer? — Il est certain qu'alors la femme peut librement choisir son théâtre. Mais si le mari n'a donné son consentement qu'en considération du théâtre sur lequel l'engagement allait être contracté, nul doute que la femme soit incapable de rompre cet engagement et d'en reprendre un nouveau. Ceci, d'ailleurs, n'est vrai que sauf le silence gardé par le mari après l'engagement de sa femme, et qui pourrait être considéré comme une autorisation tacite.

55. Tous les contrats ne portent pas en apparence le caractère de commercialité : il sera souvent difficile de déterminer la nature de tel ou tel acte. Dans le doute, de quel côté sera la présomption ? Qui sera chargé de la preuve?

____

(1) Delangle, Société com, t. 1, n° 56. — Demolombe, t. 4, n° 200.

En général, on présumera que l'acte n'est pas commercial : en effet, on doit raisonner ici, comme nous l'avons fait dans une question semblable au sujet de l'administration. Le principe est dans l'article 217 : la femme est incapable ; si elle est commerçante, elle a une capacité exceptionnelle ; l'exception ne se présume pas, elle doit être prouvée : ce sera donc aux créanciers intéressés à la validité de l'acte à prouver que la femme en contractant était dans l'exception de l'article 220.

Cette décision, que nous croyons exacte, doit cependant être modifiée bien souvent par les circonstances. Si la cause commerciale de l'acte a été exprimée formellement par les parties, lors de sa confection, il n'y a plus de preuve à faire : l'acte est commercial et par conséquent valable, quoique cette clause soit fausse, pourvu que le tiers ait été de bonne foi ; car on ne peut pas le contraindre à surveiller l'usage que la femme a pu faire du profit du contrat. Et alors même que la cause n'aurait pas été exprimée, il y aura présomption de commercialité, lorsque l'acte sera fait dans les formes et suivant les usages du commerce ; il ne faut pas toujours laisser les tiers exposés au danger d'une action en nullité qui leur ferait retirer tout crédit à la femme, et serait plus nuisible qu'utile à celle-ci.

50. L'article 220 dit un mot des effets des obligations contractées par la femme à l'endroit de son mari : la femme commerçante, si elle est commune en biens, oblige la communauté et son mari ; mais il ne parle

ni de la femme séparée, ni de celle mariée sans communauté.

Quant à la femme séparée, aucun doute ne se présente ; elle n'oblige qu'elle-même. — La difficulté naît à l'occasion de la femme non commune. Selon les uns, elle oblige son mari, parce que celui-ci ayant l'usufruit des biens de sa femme, profite des bénéfices du commerce fait par elle, et doit, par conséquent, en supporter les charges. Le mari, selon d'autres, reste complétement étranger aux dettes de la femme commerçante. En effet, dit-on, l'usufruit ne lui donne pas droit aux bénéfices du commerce ; ces bénéfices ne pourront, à aucun égard, être considérés comme des fruits, mais ils sont le produit de l'industrie personnelle de la femme. Or, si le mari n'a pas droit aux bénéfices, il ne peut être tenu des charges. D'ailleurs, ajoute-t-on, dans le système où l'on fait profiter le mari des gains de la femme, il faut évidemment lui attribuer la totalité de ces gains, puisqu'il a droit à tous les fruits des biens de celle-ci. On arrive donc à ce résultat vraiment barbare, que la femme consacre sa vie, expose sa fortune et sa liberté, pour enrichir son mari, sans avoir en retour l'espérance d'aucun profit (1).

Cette conclusion nous paraît inadmissible : aussi préférons-nous l'opinion qui met le mari à l'abri des obligations contractées par sa femme.

Nous n'insisterons pas davantage sur les effets des obligations de la femme commerçante ; nous serions

(1) M. Perreyve. — Cours de code civil, 1850-1851.

entraînés dans de nombreux développements qui sortent tout-à-fait de notre sujet.

SECTION III. — *Des actes que la femme mariée peut toujours faire et des obligations qu'elle peut toujours contracter sans autorisation.*

57. La femme mariée, aux termes de l'art. 1124, est incapable *dans les cas exprimés par la loi.* Ces cas, que nous avons étudiés jusqu'ici, sont énoncés dans les art. 215 et suivants ; ils réduisent l'incapacité de la femme à quatre sortes d'actes : La femme ne peut, en général, ester en justice, aliéner, acquérir, s'obliger par contrats ou quasi-contrats, sans l'autorisation du mari ou de justice.

En dehors de ces actes, la femme ne voit pas son état altéré par le mariage, elle jouit de la même capacité qu'une fille majeure. Ainsi, elle peut exercer sans autorisation tous les actes de puissance paternelle qui ne rentrent pas dans ceux que nous venons d'énoncer ; elle peut donner ou refuser son consentement au mariage de ses enfants, et (148) accepter une donation qui leur aurait été faite (935) ; elle peut faire les actes conservatoires de ses droits ; ainsi, requérir une inscription hypothécaire (2139), ou la transcription d'une donation (940), faire transcrire son acte de mariage passé à l'étranger dans les trois mois de son retour en France (171), et faire une sommation à ses débiteurs pour interrompre la prescription ; elle peut encore faire des actes d'exécution, pourvu que ces actes ne l'entraînent pas à ester en justice; ainsi, elle peut pratiquer une saisie exécution.

58. Mais ces actes, qui sont valablement faits par la femme, entraînent des frais.

Sera-t-elle obligée à les payer ? — Cela paraît difficile, puisque la femme ne peut pas s'obliger par contrats sans l'autorisation de son mari ou de justice. Il faut cependant décider l'affirmative; sur le motif que la femme ne doit pas s'enrichir aux dépens d'autrui, et que les actes en question ont conservé ses droits, ou lui ont procuré les bénéfices de leur exécution.

D'ailleurs, la loi autorisant la femme à faire les actes dont nous parlons, l'a autorisée par là même à acquitter les droits, qui sont la conséquence nécessaire de ces actes.

59. Elle peut accepter un mandat (art. 1990), et les actes qu'elle fera au nom de son mandant seront valablement faits. Les tiers ne pourront pas la repousser comme incapable; en effet, que leur importe que le mandat soit mal rempli, leur responsabilité n'est pas engagée; c'était au mandant à placer mieux sa confiance. Mais entre la femme et son mandant, le contrat de mandat ne produit que des effets imparfaits, car l'action *mandati directa* ne naît pas au profit de celui-ci, la femme étant incapable de s'obliger par contrats.

60. La femme mariée ne peut donner mandat que pour les actes qu'elle est capable de faire elle-même; car les actes faits par un mandataire sont censés faits

par le mandant, et ne valent que par la volonté et la capacité de celui-ci. Mais elle peut révoquer seule un mandat qu'elle aurait donné avec les conditions requises, car cette révocation ne peut donner naissance à aucune obligation.

61. La femme fait seule son testament, quoique le testament soit un acte d'aliénation. Car l'autorité maritale ne peut se trouver blessée en rien d'une pareille disposition, l'effet du testament ne devant se produire qu'après la mort de la femme, c'est-à-dire après la dissolution du mariage. De plus, le testament est un acte qui ne peut émaner que d'une volonté libre et à l'abri de toute influence; le secret est de l'essence de cet acte; l'idée d'un testament qui serait l'œuvre de deux personnes serait contraire aux principes toujours admis en cette matière. C'est ainsi que le mineur, qui est frappé d'une incapacité bien plus large que celle de la femme, peut cependant faire seul son testament (004).

La femme peut révoquer son testament, car la révocation n'est elle-même qu'une disposition testamentaire. Ce serait d'ailleurs violer le caractère du testament que de gêner sa révocabilité.

62. On sait que la femme peut faire des donations à son mari durant le mariage; il faut se garder de voir là des actes que la femme a le droit de faire seule, car le concours du mari dans l'acte, son acceptation expresse qui est essentielle à la perfection de la donation, est une autorisation implicite.

Mais la loi permet à la femme de révoquer seule et

librement les donations qu'elle a faites à son mari durant le mariage (1096).

63. Il est une certaine classe d'actes interdits à la femme, et qui cependant l'obligent sans qu'il soit besoin d'aucune autorisation. Nous voulons parler de ses délits et quasi-délits.

C'est que la prohibition de ces actes n'est pas fondée sur un motif protecteur de la femme. Il s'agit au contraire d'actes réprouvés par les lois comme immoraux et contraires à l'ordre social, actes à raison desquels il importe de frapper leur auteur d'une peine soit publique, soit au moins *civile*. On comprend donc que ces actes entraînent de la part de la femme l'obligation de réparer le dommage qu'elle a causé ; nous avons déjà vu une application de ce principe, en commentant l'art. 216 sur les poursuites en matière criminelle; nous savons que la femme est dispensée d'autorisation pour défendre à une action criminelle dirigée contre elle, et même pour défendre à l'action civile, née à raison du délit, quand cette action est intentée accessoirement à l'action publique. Mais si l'action en réparation est intentée principalement, et indépendamment de l'action publique, soit devant la juridiction criminelle, soit devant la juridiction civile; si, par exemple, le fait qui a causé le dommage est un délit purement civil ou un quasi-délit, la femme ne peut y défendre que munie de l'autorisation de son mari ou de la justice.

64. Sur quels biens la femme peut-elle être contrainte à réparer le dommage?

La solution de cette question varie suivant le régime sous lequel la femme est mariée. Est-elle mariée
sous le régime en communauté ? La loi distingue si le
crime ou délit dont elle s'est rendue coupable emporte
ou non la mort civile. Si la mort civile est encourue,
la condamnation prononcée contre elle frappe sa part
dans la communauté, et la pleine propriété de ses
biens personnels. — Si la mort civile ne résulte pas
de la condamnation, la femme n'est tenue que sur la
nue-propriété de ses biens personnels (1424, 1425).

Il est bon de faire remarquer en passant que cette
distinction entre les crimes emportant et ceux n'emportant pas mort civile, est une erreur législative;
c'est l'application d'une règle de l'ancien droit, qui a été
détruite par le Code Napoléon (art. 26 et 27). Il était
de principe, en effet, dans notre ancien droit, que la
mort civile résultait de la condamnation. — La communauté se dissolvant alors, au moment même où
naissait pour le coupable l'obligation des dommages et
intérêts, il était évident que ces dommages et intérêts n'avaient jamais été dus par la communauté,
mais sous l'empire de notre législation actuelle, la mort
civile est la conséquence de l'exécution du jugement
de condamnation. Par conséquent, la communauté
s'est trouvée débitrice des dommages et intérêts,
depuis le moment où la condamnation a été prononcée, jusqu'à celui où la mort civile a été encourue,
c'est-à-dire jusqu'à l'exécution. Il est donc tout-à-fait
illogique de la part du législateur du Code Napoléon
de décharger la communauté de l'obligation aux dom-

mages et intérêts pour crime entraînant mort civile. La femme était-elle mariée sous le régime sans communauté ? Le mari ayant un droit acquis à la jouissance de tous les biens de la femme, celle-ci ne peut pas, par son fait, diminuer ses revenus. En conséquence, ici, comme sous le régime en communauté, la femme ne pourra être poursuivie à raison de ses délits et quasi-délits que sur la nue-propriété de ses biens. Et comme nous ne sommes plus dans les termes des articles 1124 et 1425, nous repousserons la distinction établie pour le régime en communauté, entre les crimes emportant ou n'emportant pas la mort civile. Si la femme était mariée sous le régime en séparation de biens, ou sous le régime dotal avec des paraphernaux, elle pourrait être poursuivie sur la pleine propriété des biens dont elle aurait conservé la jouissance. Elle pourrait même, dans ce dernier régime, être poursuivie sur la nue-propriété de ses biens dotaux.

65. La femme mariée peut encore se trouver obligée indépendamment de l'autorisation de son mari ou de la justice, par des faits d'un autre ordre ; des faits qui lui procurent un avantage, un bénéfice, et qui l'enrichiraient aux dépens d'autrui, si elle n'acquittait certaines indemnités vis-à-vis des tiers.

C'est ainsi que tout fait d'un tiers qui a tourné à son profit, l'oblige envers ce tiers. Par exemple, un tiers a-t-il géré son affaire ? Elle est obligée vis-à-vis de lui comme le serait une personne capable, et sous les mêmes conditions, c'est-à-dire si l'affaire a été utilement gérée (art. 1375). Un tiers a-t-il payé entre ses mains une somme qu'il croyait lui devoir, la femme est obligée de lui restituer tout ce qui lui a profité de cette somme, c'est-à-dire tout ce qu'elle a conservé ou employé à un usage utile (art. 1241). On peut donc dire que la femme est obligée par quasi-contrat en ce sens que le fait d'un tiers l'oblige quand il l'enrichit.

66. Peut-on dire également que la femme s'oblige sans autorisation, par des faits qui lui sont personnels et qui constituent des quasi-contrats? Cette question est débattue : la confusion vient, selon nous, de ce qu'on veut la résoudre d'une manière trop générale ; la difficulté nous semble disparaître par l'analyse de chacun des quasi-contrats en particulier.

La femme a géré les affaires d'autrui ; est-elle valablement tenue des obligations qui naissent de la gestion d'affaires ? Il faut distinguer : quant aux obligations qu'elle a pu contracter vis-à-vis des tiers, par suite de la gestion qu'elle a entreprise, elles sont évidemment nulles ; pourquoi ? c'est qu'elles sont nées non pas du quasi-contrat, mais de contrats, et à l'occasion seulement du quasi-contrat.

Que décider à l'égard des obligations nées vraiment du quasi-contrat vis-à-vis du maître de l'affaire ? obligations de continuer la gestion commencée, et de l'achever jusqu'à ce que le maître soit en état d'y pourvoir lui-même ; obligations de se charger de toutes les dépendances de la même affaire (art. 1372), d'apporter à la gestion tous les soins d'un bon père de famille (art. 1371), de restituer tout ce qu'elle a touché au nom du maître?

La femme en sera évidemment tenue parce qu'autrement elle causerait un dommage au tiers dont elle a pris l'affaire, et se rendrait ainsi coupable d'un quasi-délit, ou même elle s'enrichirait aux dépens de ce tiers, et se rendrait coupable selon les cas d'un véritable délit.

S'agit-il du quasi-contrat résultant de l'acceptation d'une tutelle? la question ne peut pas se présenter; car la femme ne peut être que tutrice légale, et nous allons voir plus loin comment la femme peut être obligée par la loi.

S'agit-il de l'acceptation d'une succession? cet acte qui constitue un quasi-contrat ne peut être fait, comme cela ressort des art. 1413 et 1117, qu'avec l'autorisation du mari ou de justice; par conséquent les obligations qui en résultent (obligations d'acquitter les legs et charges du testament) ne frappent la femme que lorsqu'elle est autorisée.

Quant au paiement de l'indû nous en avons parlé plus haut et nous avons reconnu que la femme qui a reçu ce qu'on ne lui doit pas, n'est obligée de restituer que ce dont elle s'est enrichie (1241).

Quelle que soit la discussion théorique à laquelle on se livre, et les divergences qui peuvent séparer les auteurs au point de départ, il nous paraît impossible d'arriver à des résultats autres que ceux que nous proposons.

67. Enfin la femme peut directement recevoir une

obligation de la loi : par exemple, quand elle est tutrice légale de *ses enfants*. Toutes les obligations qui résultent de cette tutelle lui sont imposées sans qu'elle ait d'autorisation à demander, notamment l'obligation de rendre ses comptes : car cette obligation est la conséquence inévitable de toute tutelle.

Mais nous croyons qu'il ne faut pas aller jusqu'à permettre à la femme de faire librement tous les actes qu'entraîne l'administration de la tutelle. Elle est bien obligée de les faire, par cela seul qu'elle est tutrice, et elle serait responsable si elle manquait à son obligation, mais elle devra pour l'exercice de ces actes, se conformer aux règles qui lui sont imposées pour elle-même ; ainsi elle ne pourra pas ester en jugement au nom de son pupille, sans l'autorisation de son mari ou de justice ; il serait bien bizarre en effet qu'elle pût le faire dans l'intérêt de ses enfants, ne le pouvant pas dans son propre intérêt.

CHAPITRE II.

De l'autorisation du mari, ou de justice et de ses effets.

68. Après avoir examiné en quoi consiste l'incapacité de la femme mariée, nous avons à nous demander par quel moyen la femme peut être relevée de cette incapacité. C'est l'autorisation du mari, ou, à son défaut, l'autorisation de la justice qui habilite la femme d'une manière plus ou moins parfaite.

69. Il importe de remarquer qu'en principe le mari doit toujours être consulté d'abord, et, à moins qu'on ne soit dans les cas d'exception que nous étudierons dans la section suivante, la justice ne peut être appelée à donner son avis qu'au refus du mari d'autoriser.

70. Le mari peut-il autoriser sa femme à contracter avec lui ? La question est débattue. On a dit que, dans cette circonstance, l'autorisation du mari était insuffisante, et que c'était le cas d'appliquer la maxime : *Nemo potest auctor esse in rem suam.* Cette opinion n'est pas nouvelle : elle date de Ricard et de Lebrun ; mais elle était repoussée par Pothier, parce

que l'incapacité de la femme n'étant pas fondée sur une idée de protection comme celle du mineur, mais ayant seulement pour cause le respect dû à l'autorité maritale, le but de la loi était parfaitement rempli par l'autorisation du mari.

Sans aller jusqu'à dire avec Pothier que l'incapacité de la femme n'a d'autre fondement que la nécessité de maintenir la puissance maritale, on doit reconnaître que cette incapacité n'a pas uniquement pour but, comme celle du mineur, de protéger un être faible. Ces deux considérations ont eu chacune leur influence dans l'établissement des règles sur l'état de la femme mariée, et si l'une a eu plus de poids que l'autre, c'est assurément la première. Dès lors, la maxime *nemo potest auctor esse in rem suam*, cesse d'être applicable. D'ailleurs, nous le répétons, la règle est que la femme doit obtenir l'autorisation de son mari pour faire les actes dont elle est incapable ; et on ne doit admettre d'exception à cette règle, que celles qui sont établies par la loi elle-même.

On insiste cependant, et quelques auteurs veulent établir une distinction entre le cas où le contrat, fait dans l'intérêt du mari, a été passé avec un tiers, et celui où les deux époux sont seules parties au contrat. Dans le premier cas, on accorde que l'autorisation du mari sera suffisante : car l'avantage que lui procure le contrat, ne lui arrive que d'une manière indirecte. La présence du tiers est d'ailleurs une garantie que la volonté de la femme a été libre. Dans le second, on repousse l'autorisation maritale, parce que les deux époux ayant agi seuls , on craint que la femme ait cédé à l'influence de son mari (1).

Mais on voit combien cette distinction est arbitraire ; elle ne repose sur aucun fondement solide. D'un côté la loi ne s'y prête pas; et d'autre part, si l'on devait s'arrêter à la maxime que nous avons écartée, il faudrait reconnaître qu'elle est tout aussi applicable dans le cas où l'acte fait dans l'intérêt du mari est passé avec des tiers , que lorsqu'il a lieu entre les époux seulement ; car l'influence du mari sur la femme est tout aussi à craindre dans un cas que dans l'autre.

71. L'autorisation du mari peut être expresse ou tacite. Le droit actuel diffère en ce point de l'ancienne jurisprudence, qui ne reconnaît que l'autorisation expresse pour habiliter la femme aux actes extra-judiciaires.

On distinguait en effet, dans l'ancien droit, le consentement et l'autorisation. Le consentement , manifesté d'une manière quelconque, suffisait pour rendre la femme apte à ester en jugement. Mais ce consentement fût-il constant, ne donnait pas à la femme capacité de contracter , à moins qu'il ne remplît certaines conditions de formes. Il était exigé *ad solemnitatem*, *ad formam negotii*, et devait être exprimé par le mot *autorisation*.

Nous n'avons pas conservé la nécessité d'employer une forme sacramentelle; il n'est plus question chez nous d'une distinction tout-à-fait inexplicable entre le

____

(1) Duranton, t. 2, p. 429.—Vazeille, t. 2, 40.

consentement donné pour ester en justice , et celui donné pour les actes extra-judiciaires. L'article **217** reconnaît en effet formellement l'autorisation tacite pour les contrats : s'il pouvait s'élever un doute , ce serait plutôt à l'occasion des actes judiciaires, parce-que l'article **215**, qui s'en occupe, est muet sur l'autorisation tacite. Mais ce silence s'explique facilement par l'ancien droit. On n'a jamais douté que le concours du mari dans l'instance, fût une autorisation suffisante : il était donc inutile d'insister sur ce point. Au contraire, il importait de s'expliquer catégoriquement, comme on l'a fait dans l'article **217** , sur le changement apporté dans le mode d'autorisation aux actes extra-judiciaires.

Du reste, le projet de l'article **215** parlait de *l'assistance du mari*, expression bien plus générale que *l'autorisation*. Et il résulte de la discussion au conseil d'Etat (1) que ce mot a été retranché uniquement dans l'intérêt du style, et pour éviter une répétition avec l'art. **212**.

72. La loi exige que le consentement, quand il est exprès, soit constaté par écrit. Il faut se garder de voir dans cet écrit une solennité. Exiger un écrit , c'est, dans le style de code civil, repousser la preuve testimoniale, même au-dessous de cent cinquante fr. Nous trouvons une disposition analogue dans l'article **2044**, au titre des transactions, et personne ne soutient que ce contrat soit solennel. La transaction et l'autorisation maritale peuvent être indifféremment

(1) Fenet, p. 74.

constatés par acte authentique ou par acte sous seing privé : la forme y est abandonnée au choix des parties. On va même jusqu'à admettre la preuve par aveu ou serment si l'écrit n'a pas été dressé (1).

73. Quant à la preuve par témoins accompagnée d'un commencement de preuve par écrit, plusieurs auteurs la repoussent, comme contraire au vœu du législateur, qui a voulu l'écarter d'une manière absolue en exigeant l'écrit (2).

Nous ne saurions pourtant nous ranger à cet avis, dans lequel on fait une distinction un peu arbitraire : pourquoi ne pas admettre la preuve testimoniale accompagnée de commencement de preuve par écrit, quand on accepte l'aveu et le serment? Si la loi a tenu à l'écrit comme unique mode de preuve, il faut repousser l'aveu et le serment; mais si elle a voulu seulement éviter les dangers que présente une simple preuve par témoins, il faut admettre toutes les preuves, auxquelles elle semble accorder le même degré de confiance en les plaçant sur la même ligne. Or, la preuve testimoniale est traitée par la loi à l'égal de l'aveu et du serment, quand elle se joint à un commencement de preuve par écrit.

74. La question de savoir si l'autorisation expresse du mari peut être verbale, est implicitement résolue par ce que nous venons de dire. Si l'écrit n'est pas exigé *ad solemnitatem*, et qu'on admette comme moyen de preuve, à defaut de cet écrit, l'aveu, le ser-

(1) Demante, t. 1, p. 424. — Zachariæ, t. 3, p. 336 et 337.
(2) Demolombe, t. 4, n° 193.

ment et même la preuve testimoniale accompagnée d'un commencement de preuve par écrit, c'est qu'évidemment l'autorisation est valable, quoiqu'elle n'ait pas été constatée dans un écrit, alors qu'elle n'a été que verbale.

75. Quant à l'autorisation tacite, la loi la fait résulter du concours du mari dans l'acte. Ainsi, il y a autorisation tacite quand le mari intente une action contre sa femme (1); quand il s'engage conjointement ou solidairement avec elle ; quand il se porte fort pour l'engagement qu'elle contracte ; quand il tire une lettre de change sur elle (2), ou qu'il accepte une lettre de change qu'elle a tirée sur lui, etc....

76. Mais l'autorisation tacite peut-elle résulter d'autres circonstances que du concours du mari dans l'acte ? ou doit-on se renfermer rigoureusement dans les termes de l'art. 217?

La question est controversée : quelques auteurs (3) ont soutenu, avec plusieurs arrêts, que l'autorisation tacite du mari pouvait résulter de toutes circonstances indiquant d'une manière non équivoque la volonté du mari. Mais cette opinion nous paraît trop ouvertement contraire au texte pour être suivie : la loi veut que l'autorisation du mari résulte de *son concours dans l'acte;* c'est évidemment violer cette disposition, qu'invoquer toute autre circonstance, quelque concluante qu'elle soit, pour en induire l'approbation du mari.

(1) Zachariæ, t. 3, p. 338.
(2) Duranton, t. 2, p. 518, n° 2.
(3) Zachariæ, loco cit.

D'ailleurs, il est facile de voir que le législateur, en rédigeant l'art. 217, a voulu écarter, autant que possible, les procès et les contestations sur l'existence ou la non existence de l'autorisation. — Il a exigé que l'autorisation expresse fût écrite, afin d'échapper aux chances de la preuve testimoniale ; et son œuvre aurait été incomplète, sa précaution peu sérieuse, s'il était retombé dans cette preuve testimoniale pour arriver à la connaissance de faits bien plus vagues, bien plus insaisissables qu'une autorisation expresse : il a donc été très sage, en n'admettant comme preuve de l'autorisation tacite, qu'une circonstance coexistante à l'acte lui-même (1).

77. Il est pourtant une certaine classe d'actes pour lesquels l'autorisation tacite peut résulter de circonstances autres que le concours du mari, et notamment du silence et de l'inaction du mari, quand il a connu l'existence des actes : nous voulons parler des actes de commerce.

Cette exception, généralement admise, se fonde sur l'art. 5 du Code de commerce, qui ne fixe aucune règle au sujet de la forme de l'autorisation du mari et de la manière de la prouver, et surtout sur l'ancien droit. Il est remarquable, en effet, que l'ancienne jurisprudence, si rigoureuse pour la forme de l'autorisation en matière non commerciale, se relâchait de sa sévérité pour l'autorisation de faire le commerce, et faisait résulter cette autorisation de toutes les circon-

______

(1) Marcadé, t. 1, p. 556. — Demolombe, t. 4, n° 197.

stances dont on pouvait conclure le consentement du mari. Rien n'indique que cet état de choses ait été modifié par nos lois nouvelles, et le silence de l'art. 5 du Code de commerce sur les formes de l'autorisation prouve, au contraire, qu'on a persisté dans le système de l'ancien droit.

78. Mais si la loi n'a pas formellement statué sur les conditions de l'autorisation pour faire le commerce, elle s'est préoccupée des circonstances dans lesquelles on peut dire que la femme est commerçante.

La femme, quand elle fait un commerce, c'est-à-dire quand elle se livre habituellement et professionnellement à des actes de commerce, n'acquiert la qualité de commerçante que quand elle agit seule (art. 220, C. N.) mais; si elle fait le commerce conjointement avec son mari, sa personnabilité est absorbée par celui-ci, qui seul est considéré comme commerçant. La femme est présumée n'être que l'employée de son mari, ou, comme dit Pothier, *sa fille de boutique*. La présomption est si forte que la femme qui était commerçante avant son mariage cesse de l'être par le fait seul de son mariage, si son mari se met à la tête de son commerce.

Il ne faut pourtant pas aller trop loin dans ce sens, la présomption de la loi admet la preuve contraire. Si donc il est constant que les deux époux, quoique faisant le même genre de commerce, le font chacun pour leur propre compte, s'ils ont deux maisons séparées d'intérêts, sans autres rapports que ceux qui résultent nécessairement des conventions matrimoniales, on doit, selon nous, considérer la femme comme commerçante (1).

79. L'autorisation pour faire le commerce fait exception aux règles du droit civil, non seulement quant à la forme, mais encore quant à la spécialité.

La femme, en effet, quand elle a reçu cette autorisation, est habile à faire désormais tous les actes relatifs à son négoce : ainsi elle peut librement emprunter, transiger, aliéner et hypothéquer ses immeubles. Il n'y a qu'un seul acte dont elle demeure incapable : c'est l'instance en justice. L'autorisation de faire le commerce, avec ses effets si larges, si absolus, a quelque chose de semblable à cette sorte de *jussus* général, cette habilitation que le *pater familias* romain donnait à son fils ou à son esclave pour exploiter son pécule.

80. Le principe de la spécialité de l'autorisation souffre une nouvelle exception pour les actes d'administration. L'art. 223 du Code civil est ainsi conçu : *Toute autorisation générale, même stipulée par contrat de mariage, n'est valable que quant à l'administration des biens de la femme.*

Il résulte de cet article, selon nous, que l'autorisation générale est valable, au moins pour les actes d'administration, et cela non seulement lorsqu'elle est stipulée par contrat de mariage, mais encore quand elle a été accordée *constante matrimonio*. Tel n'est pourtant pas l'avis généralement adopté. On considère que

(1) Pardessus, t. 1, n° 65.

le mari ne peut pas valablement donner une autorisation générale à sa femme durant le mariage même pour les actes d'administration. Une pareille autorisation ne serait qu'un mandat, et, par conséquent, la femme agissant en vertu de cette prétendue autorisation ne s'obligerait pas, mais obligerait seulement le mandant, son mari. En effet, dit-on, une autorisation générale rendant à la femme l'administration que le contrat de mariage lui avait enlevée, serait une grave dérogation aux conventions matrimoniales, et, par conséquent, violerait la disposition de l'art. 1395, qui porte que *les conventions matrimoniales ne peuvent recevoir aucun changement après la célébration du mariage*. (1).

Sans doute l'autorisation générale dérogerait aux conventions matrimoniales ; mais cette dérogation est autorisée par l'art. **223** qui nous paraît formel. On a essayé de l'expliquer en disant qu'il a pour objet de réduire aux actes d'administration l'autorisation générale donnée à la femme séparée ou dotale, de faire tous actes même de disposition (2). Mais cette explication nous paraît tout à fait inexacte, l'article ne suppose pas *a priori* que la femme ait le droit d'administration, et il est impossible de ne pas reconnaître que l'administration de la femme soit indiquée par l'article comme un effet de l'autorisation générale.

Nous déciderons donc, conformément à l'art. **223**, que le mari peut donner valablement à sa femme durant le mariage l'autorisation d'administrer ses biens.

(1) Demolombe, t. 4, nº 203.
(2) Zacharie, t. 3, p. 331.

Il est vrai qu'une pareille autorisation modifie les conventions matrimoniales; mais la modification qu'on signale ne viole pas la loi, puisque la loi elle-même l'autorise : on doit seulement dire que l'art. 223 déroge à l'art. 1395, en introduisant une exception à l'immutabilité des conventions matrimoniales.

81. Ainsi la femme, munie de l'autorisation générale d'administrer s'oblige sur ses propres biens par tous les actes d'administration qu'elle fait, à la différence de ce qui arriverait, si elle n'était que mandataire; mais il ne faut pas s'exagérer les conséquences de cette autorisation, et croire que la femme ainsi autorisée soit assimilée à une femme séparée de biens. En effet, si la femme peut administrer ses biens, il ne s'en suit pas qu'elle en ait la jouissance, comme la femme séparée. Elle peut faire les actes d'entretien et de conservation qui rentrent dans l'administration; mais les actes de dispositions qui constituent la jouissance lui demeurent interdits et ne peuvent pas être compris dans une autorisation générale. Ainsi, elle ne pourra faire aucune acquisition destinée à son plaisir. De plus, si la femme est commune, les actes qu'elle fait avec l'autorisation générale obligent non seulement elle-même, mais encore la communauté et le mari, tandis que si elle était séparée de biens le mari serait à l'abri des obligations contractées par elle. D'ailleurs, l'autorisation du mari est essentiellement révocable. La femme, quoique devenue capable d'administrer, est toujours placée sous la surveillance toute puissante du mari, qui peut la faire rentrer dans

l'incapacité d'où il l'a tirée, au premier acte qui ne sera pas conforme à sa volonté ou à son caprice.

On voit donc qu'à bien prendre l'autorisation générale n'arrive pas à des résultats aussi choquants qu'on pourrait le croire, puisque l'autorité maritale reste intacte.

82. Le mari peut encore donner une autorisation générale à sa femme pour aliéner et hypothéquer librement ses biens à lui; mais il est évident que, dans ce cas, il y a mandat, et non autorisation. La femme agira donc au nom de son mari, et ne s'obligera pas.

83. Il pourrait arriver à l'inverse que la femme autorisât son mari ou lui donnât mandat d'une manière général, d'aliéner et hypothéquer ses biens. Mais une pareille autorisation serait nulle, car elle serait pour la cupidité du mari un moyen trop facile de dépouiller sa femme; un consentement d'une aussi large étendue est dangereux, parce qu'on n'en embrasse pas tout d'abord les conséquences; et nous pensons que, dans l'esprit de la loi, la femme doit diriger chacun des actes de disposition qui se font sur ses biens.

84. Réciproquement, l'autorisation préalable que donnerait le mari à toutes les aliénations et hypothèques postérieures des biens de sa femme, serait nulle, même comme mandat, car elle déchargerait le mari de la surveillance que la loi lui a imposée; et on ne peut pas s'affranchir par son fait de ses obligations.

En résumé, il faut appliquer d'une manière rigoureuse le principe de la spécialité de l'autorisation , et ne reconnaître à ce principe que les deux exceptions que nous avons déjà signalées, relatives à l'autorisation de faire le commerce et à l'autorisation d'administrer.

85. Il importe maintenant de rechercher comment on doit interpréter la volonté de celui qui accorde l'autorisation.

Quand une femme est autorisée à ester en justice , elle se peut trouver appelée à faire plusieurs actes, qui sont la conséquence plus ou moins directe de son procès. L'autorisation qu'elle a reçue l'habilite-t-elle à tous ces actes, ou doit-elle être suivie d'autant de consentements nouveaux qu'il y a d'actes à faire ? — Ainsi, la femme peut-elle interjeter appel ou se pourvoir en cassation , transiger, acquiescer, se désister, déférer ou référer le serment décisoire, faire un aveu, former tierce opposition, requête civile, et faire exécuter le jugement ?

A toutes ces questions, nous répondrons par une distinction : les actes qui sont une suite nécessaire du procès, qui font partie intégrante de l'instance , sont compris dans l'autorisation d'ester en justice ; mais les autres actes ne sont valablement faits que sur une autorisation spéciale à chacun d'eux.

86. La femme autorisée à ester en justice peut donc se présenter en conciliation, car ce préliminaire est le commencement indispensable de l'instance ; le mari, en autorisant sa femme à plaider, l'a autori-

sée par cela même à faire ce qui est nécessaire au cours de l'instance (1).

87. Mais la femme ne peut ni se désister, quand elle est demanderesse, ni acquiescer quand elle est défenderesse, ni transiger dans l'un et l'autre cas, car le désistement, l'acquiescement et la transaction, loin d'être des suites du procès, sont au contraire destinés à l'éteindre. Et si la femme a été autorisée à soutenir ses droits, on ne peut pas conclure qu'elle puisse y renoncer en tout ou en partie.

88. Elle ne pourra pas non plus déférer ou référer le serment décisoire, car ce fait constitue une transaction.

89. L'aveu fait plus de difficulté, c'est un moyen de preuve qui paraît rentrer dans l'instruction habituelle des procès, et qui, par conséquent, semble être un des actes que l'autorisation du mari a dû comprendre dans l'instance en justice. Nous croyons cependant que l'aveu ne doit engager la femme qu'autant qu'elle a été formellement autorisée à le faire ; pour faire un aveu, il faut être capable d'aliéner, tel est le principe auquel nous ne voyons pas de dérogation dans l'autorisation d'ester en jugement. Il est facile de voir d'ailleurs que la volonté du mari serait presque violée par cette manière d'interpréter son autorisation : il a consenti à ce que sa femme plaidât, c'est-à-dire à ce qu'elle repoussât la demande dirigée contre elle ; mais l'aveu est le contraire de la défense, c'est un véritable acquiescement.

(1) Demolombe, t. IV, n° 291.

90. La femme peut-elle seule se pourvoir contre le jugement qui l'a condamnée, par un des moyens qui lui sont ouverts par la loi, ou défendre aux pourvois qui seraient dirigés contre elle? La négative nous paraît devoir l'emporter, car la volonté du mari peut avoir changé depuis le commencement du procès, il peut être survenu telle circonstance nouvelle, qui rende la situation de la femme plus dangereuse. C'est ce qu'a décidé la Cour suprême, par un arrêt de cassation du 24 février 1811 (1).

Il s'agissait d'une femme défenderesse en première instance contre son mari, implicitement autorisée par l'action que celui-ci avait intentée contre elle, et qui avait, sans autorisation préalable, interjeté appel. On soutenait que l'autorisation d'ester en justice s'applique aussi à l'appel; que la femme est autorisée à défendre par toutes les voies et recours utiles que la loi lui donne; que si l'autorisation pour ester en justice ne suffit pas pour habiliter la femme à faire appel, elle ne suffit pas non plus pour lui permettre de former une demande reconventionnelle, ce qui est inadmissible.

Ces raisons n'ont pas triomphé, et elles nous paraissent en effet peu convaincantes : que la femme autorisée à plaider, soit par ce fait autorisée à défendre par toutes les voies et recours utiles, c'est la question même; et nous avons établi plus haut que l'autorisation maritale ne devait pas être étendue au-delà de la volonté probable du mari; or, le mari, en

(1) D. p. 1811, 1, 152.

autorisant sa femme à intenter une action ou à y défendre, n'a pas dû nécessairement prévoir qu'elle in-
terjetterait appel.

Quant à la demande reconventionnelle, elle nous
paraît, comme l'appel, nécessiter une autorisation
spéciale; car c'était une circonstance tout-à-fait im-
prévue du mari au moment où il a donné son consentement.

92. Mais nous pensons que le mari pourrait valablement autoriser sa femme dès l'origine à poursuivre l'instance à tous ses degrés; on ne devrait pas
voir là une autorisation générale, le principe de la
puissance maritale n'en subirait aucune atteinte. Il
faudrait alors que le mari indiquât expressément dans
son autorisation, les différentes juridictions qu'il
permet à la femme de saisir, et les moyens de recours à employer (1).

93. L'autorisation d'ester en justice emporte-t-elle
l'autorisation de faire exécuter le jugement ?

Nous répondrons encore négativement; les actes
d'exécution sont indépendants de l'instance elle-
même et peuvent entraîner la femme beaucoup plus
loin que le mari ne le voudrait; aussi aucun doute ne
s'élève sur ce point. Tout le monde avoue que la
femme a besoin d'une autorisation spéciale pour
exercer les droits qui lui sont reconnus ou attribués
par le jugement; mais une question fort sérieuse a
pris naissance à l'occasion de cette autorisation spéciale.

(1) Arrêt de cassation, 3 mai 1853.

11

La Cour de cassation a cru la voir implicitement accordée par le jugement même, dans les cas où l'existence du droit attribué par ce jugement dépend de sa prompte exécution ; elle a décidé, dans un arrêt dont nous avons parlé plus haut (1), que le jugement de séparation de biens autorisait implicitement la femme à poursuivre ses reprises, et notamment à faire, dans ce but, une surenchère sur les biens de son mari.

La séparation de biens, dit-on, ne peut produire d'effets qu'autant qu'elle est exécutée dans le délai de quinzaine ; or la loi, faisant à la femme un devoir de poursuivre l'exécution du jugement, ne peut pas lui imposer des formalités qui entraveraient l'accomplissement de ce devoir, et l'exposeraient à perdre le bénéfice de la séparation de biens.

Mais ces raisons ne nous paraissent pas suffisantes pour justifier une prétendue autorisation tacite. C'est d'abord partir d'une idée fausse que de considérer les droits de la femme comme compromis par la nécessité d'obtenir une autorisation, car la loi n'exige dans le délai de quinzaine qu'un commencement d'exécution, et ce commencement d'exécution peut résulter d'actes que la femme a en tout état de cause le droit de faire : ainsi elle signifiera à son mari sommation ou commandement de procéder à la liquidation des droits matrimoniaux, et l'exigence de la loi sera satisfaite. Il est donc tout à fait inutile, pour protéger les

(1) D. p. 53, 1, 103.

intérêts de la femme, de déroger arbitrairement aux règles sur l'autorisation.

Nous disons qu'il y aurait dérogation arbitraire. Il est en effet arbitraire d'admettre ici pour le besoin de la cause une autorisation implicite, qu'on s'accorde à repousser en principe. Supposons une femme demanderesse sans autorisation ; le tribunal, saisi de sa demande, suit l'instance et rend un jugement : certes, si jamais la théorie de l'autorisation implicite a un fondement, c'est dans ce cas, car il est impossible d'expliquer la conduite du tribunal sans supposer qu'il a voulu permettre à la femme de plaider ; et cependant on reconnaît généralement qu'un pareil jugement serait susceptible de cassation, parce que l'autorisation n'a pas été expressément donnée. D'ailleurs, en supposant même que l'autorisation de la justice ait été donnée dans les formes voulues, elle serait encore nulle, parce qu'elle aurait été donnée spontanément par la justice, sans que le mari ait été consulté ; et le mari est appelé, sous peine de nullité, à donner ou à refuser son autorisation avant que la femme puisse recourir à la justice.

Nous repoussons donc le système de la Cour de cassation comme contraire aux principes de la loi sur l'autorisation ; et nous le repoussons d'autant plus, qu'en le suivant dans toutes ses conséquences on serait entraîné à permettre à la femme de faire une foule d'actes de la plus haute gravité, même de plaider, par exemple de poursuivre les débiteurs de son mari

(1166); et alors l'autorisation implicite serait entachée d'une nouvelle cause de nullité : la généralité.

94. Quand la femme est autorisée à faire un acte extra-judiciaire, on doit entendre aussi avec la plus grande rigueur le principe de la spécialité ; on doit se renfermer dans la volonté probable du mari ou de la justice. Il ne faut pas surtout, quand le mari a donné à sa femme un mandat, conclure du mandat à l'autorisation, et décider, par exemple, que la femme qui a reçu de son mari mandat d'hypothéquer ses immeubles, soit autorisée par là même à conférer des hypothèques préférables à l'hypothèque légale qu'elle a déjà sur ces immeubles, car ce ne serait plus exécuter le mandat du mari , ce serait renoncer à des droits qu'elle ne peut aliéner sans autorisation spéciale et expresse.

95. Le mari peut révoquer à son gré l'autorisation qu'il a donnée. En effet, le mari, en donnant son autorisation, ne renonce pas à une partie de sa puissance maritale, qui est inaliénable ; il ne fait, au contraire, qu'exercer cette puissance. Mais loin de rester dans l'exercice de son autorité, il la compromettrait, et dépasserait par conséquent le vœu de la loi, s'il se liait pas les consentements qu'il accorde à sa femme, et s'il se privait du droit de revenir sur sa première volonté quand des circonstances nouvelles l'exigeraient.

Il faut cependant accorder ce droit de révocation, qui appartient au mari, avec l'équité, et empêcher que les tiers de bonne foi ne soient blessés par un changement de volonté qu'ils ignorent. Posons donc en principe que si le mari peut révoquer son autorisation, ce ne peut être que pour l'avenir. Les actes déjà consommés sont définitivement valables. Ainsi, si l'autorisation est spéciale pour un certain acte, l'acte est-il accompli? la révocation est sans effet; l'acte est-il encore à faire, la femme en est incapable, et les tiers qui contracteront avec elle s'exposeront à l'action en nullité. Si l'autorisation est générale, comme dans le cas de commerce ou d'administration, la même distinction doit être admise entre les actes passés et les actes à venir; les tiers ne subiront les effets de la révocation que pour ces derniers; et même la révocation ne produira d'effet pour l'avenir qu'autant qu'elle aura été connue des tiers (art. 2005, C. Nap.) C'est au mari à faire connaître par des moyens quelconques qu'il retire à la femme la capacité sur laquelle il avait permis à ces tiers de compter.

96. Quant à la femme, nous pensons qu'elle pourra aussi attaquer la révocation de l'autorisation, si cette révocation est intempestive, si elle intervient sans motif et dans des circonstances qui peuvent lui causer un dommage. En effet, de même qu'elle peut en appeler à la justice du refus spontané d'autorisation, de même elle doit pouvoir se garantir contre un refus qui détruirait une autorisation préalable.

97. Il est vrai que nous ne pourrons pas raisonner ainsi à l'égard de l'autorisation pour faire le commerce, puisque nous avons admis dans le chapitre précédent que la justice n'a pas qualité pour auto-

riser à cet effet. Nous déciderons pourtant que la femme peut s'adresser à la justice pour obtenir raison d'une révocation préjudiciable et sans motif du consentement donné par le mari de faire le commerce. Nous reconnaissons que la justice ne pourra pas contraindre le mari à maintenir indéfiniment l'autorisation qu'il veut retirer, mais nous pensons qu'elle pourra le forcer à différer cette révocation de manière à éviter à la femme le préjudice dont elle se plaint.

98. Enfin le mari pourra-t-il révoquer l'autorisation qui a été donnée par la justice?

La négative nous paraît certaine. D'abord, si l'autorisation de la justice a été donnée en refus du mari, la question ne peut pas faire doute : ce serait taxer la loi d'absurdité que de supposer qu'elle a établi, pour garantir la femme du refus injuste du mari, une autorisation dont les effets seraient abandonnés encore au caprice de celui-ci.

La difficulté ne se présente donc que quand l'autorisation de la justice est survenue dans les cas où le mari n'a pas été appelé à exprimer sa volonté. Mais dans ces cas même, nous refusons au mari le droit de révocation, car nous voyons dans les décisions de la justice une autorité à laquelle l'ordre public est trop intéressé pour qu'il puisse dépendre d'un particulier d'en arrêter les effets.

Toutefois, les motifs qui ont déterminé la justice à accorder son autorisation peuvent avoir changé ; les intérêts de la femme peuvent exiger le retrait du consentement qui l'a habilitée. Nous pensons que l'autorité dont le mari est revêtu lui donne qualité pour saisir la justice, et la faire statuer sur l'opportunité de la révocation.

SECTION II. — *De l'autorisation de la justice.*

99. L'autorisation de la justice n'est demandée qu'à défaut de celle du mari ; soit que le mari la refuse, soit qu'il se trouve dans l'impossibilité physique ou légale de la donner, par suite de minorité, d'interdiction, d'absence ou de condamnation.

100. La minorité n'enlève pas complétement au mari le droit d'autoriser sa femme ; on comprend qu'il ne puisse pas habiliter celle-ci aux actes dont il est lui-même incapable, mais rien n'empêche qu'il lui communique sa propre capacité. Or, le mari mineur a été émancipé par le mariage ; il pourra donc habiliter sa femme à faire tous les actes que peut faire un mineur émancipé, comme passer les baux dans une certaine limite, recevoir ses revenus et en donner décharge, et faire tous actes d'administration (481, C. N.). Pour tous les autres actes, la femme devra se faire autoriser par la justice. S'il en était autrement dans l'ancien droit, où l'on reconnaissait au mari mineur le droit d'autorisation pour tous les actes indistinctement (1), cela tient à ce que l'autorisation n'était pas fondée comme chez nous, sur l'idée de protection, mais uniquement sur l'idée d'une

____

(1) Pothier, Puissance maritale, n° 29.

puissance d'ordre public qui était donnée au mari sur sa femme.

101. Dans le cas où c'est la femme qui est mineure, comment l'autorisation doit-elle être donnée? Il faut combiner ici les règles du contrat de mariage, et celles de l'émancipation. La femme devra, pour les actes qu'un mineur émancipé peut faire seul, se faire autoriser par son mari, parce que la capacité que lui a conférée l'émancipation est restreinte par l'autorité maritale sous laquelle le mariage l'a placée. Quant aux actes pour lesquels le mineur doit être assisté de son curateur, la femme mineure ne pourra encore les faire qu'avec l'autorisation de son mari, car le mari est son curateur. Enfin, pour les actes à raison desquels la loi exige l'autorisation du conseil de famille et l'homologation du tribunal, la femme devra se conformer à ces prescriptions légales, car le mariage en la soumettant à l'autorité maritale, n'a fait que lui imposer une dépendance nouvelle, sans la soustraire aux mesures de protection qui sont établies en faveur des mineurs émancipés.

102. Si le mari était lui-même mineur en même temps que sa femme, on devrait nommer à celle-ci un curateur, conformément à l'art. 2208 du C. N. On convient généralement que ce curateur n'aura pas une fonction permanente, qu'il sera spécial, nommé chaque fois qu'on aura besoin de son assistance. L'autorité d'un curateur ordinaire nuirait à la puissance maritale. Il faut cependant reconnaître qu'un

curateur permanent devrait être nommé à la femme mineure, si le mari était interdit.

103. Lorsque, la femme étant majeure, le mari est interdit (art. 222, C. N.); la justice est encore appelée à donner son autorisation, elle statue sur la présentation du jugement d'interdiction.

104. La femme est généralement tutrice de son mari interdit; sa qualité de tutrice n'augmente point sa capacité relativement à ses biens personnels, mais elle lui donne le droit de faire, à l'occasion des biens de son mari, et de ceux de la communauté, tous les actes qui sont permis au tuteur, avec ou sans le consentement du conseil de famille et l'homologation du tribunal, selon les règles exposées au titre de la tutelle.

105. Quelle est la situation de la femme dont le mari quoique aliéné n'est pas encore interdit? On a soutenu que cette femme est valablement autorisée par son mari, malgré son aliénation mentale. On s'est appuyé, dans ce système, sur l'art. 2003 du C. N., qui exige, pour l'extinction du mandat, que l'interdiction ait été prononcée. Nous pensons cependant que l'autorisation d'un mari aliéné ne peut rendre à la femme la capacité qui lui manque. L'analogie est bien imparfaite entre notre cas et celui de l'art. 2003. Il s'agit en effet, dans cet article, de détruire pour l'avenir les effets d'un contrat passé par une personne capable. On comprend que la loi ait été fort rigoureuse dans l'admission des causes d'extinction, et qu'elle se soit renfermée dans la présomption légale

qui résulte de l'interdiction. Mais dans notre cas, il n'y a pas à détruire un acte précédemment fait. Le mari doit compléter la capacité de sa femme, il doit la couvrir de la protection qu'exigent l'inexpérience et la faiblesse de son sexe; il faut évidemment pour que le mari soit habile à faire cet acte, qu'il ait la plénitude de sa raison, et qu'il n'ait pas besoin lui-même de la protection qu'il est appelé à donner à sa femme.

Mais si telle est la solution qui nous paraît régulière en principe, nous reconnaissons que souvent en fait, elle devra être modifiée; car il y aura presque toujours fraude de la part de la femme à avoir agi avec une autorisation qu'elle savait n'être pas valable; et cette fraude la rend responsable envers les tiers avec lesquels elle a contracté.

Il faudra donc, pour appliquer la décision que nous venons de donner, supposer que la femme a ignoré l'aliénation mentale de son mari, soit à cause de son éloignement, soit pour un autre motif; ou bien que la connaissance que les tiers ont eue ou ont dû avoir de la folie du mari, les ait rendus inexcusables de s'être contentés d'une autorisation irrégulière. Ayant su qu'ils contractaient avec une femme incapable, ils sont censés avoir accepté les conséquences de la nullité.

106. Mais comme ici la présomption d'incapacité n'existe plus, la femme ou ceux qui demanderont la nullité de l'acte fait par elle, devront fournir la preuve que le mari était vraiment frappé d'aliénation mentale, au moment où il a donné son autorisation.

107. La preuve à faire serait bien plus facile, et les tiers qui ont contracté avec la femme seraient beaucoup moins dignes d'intérêt, si le mari était, au moment où il a donné l'autorisation, dans une maison d'aliénés. Ce n'est pas qu'il y ait alors une présomption légale de démence comme dans le cas d'interdiction, mais la folie d'une personne devient presque notoire, quand cette personne est placée dans une maison d'aliénés, et les tiers sont par conséquent très coupables d'avoir contracté avec une femme dont le mari se trouvait dans cette situation.

108. Il peut arriver que le dérangement des facultés du mari n'ait pas été jugé assez grave pour donner lieu à l'interdiction proprement dite, et qu'on se soit contenté de nommer un conseil judiciaire. Quelle sera, quant au droit d'autorisation, la situation du mari placé sous la direction de ce conseil?

Il faut d'abord faire une distinction entre les diverses espèces d'actes que la femme veut faire, et établir comme certain que le mari peut l'autoriser valablement à faire tous les actes qu'il pourrait faire lui-même sans l'assistance de son conseil. La difficulté ne se présente qu'à l'occasion de ceux que le mari, faible d'esprit, ne pourrait pas faire seul.

On a soutenu qu'à l'égard de ces actes le mari n'avait pas perdu complétement, par la nomination du conseil judiciaire, le droit d'autorisation ; seulement, comme il aurait besoin, pour faire ces actes lui-même, de l'assistance de son conseil, cette assistance, a-t-on dit, lui sera utile pour habiliter la femme à les faire (1).

Cette opinion n'est pas fondée ; le droit d'autorisation est un attribut inséparable de la puissance maritale, et ne peut pas être partagé : d'ailleurs les art. 499 et 513 du C. N. qui énoncent les actes pour lesquels le faible d'esprit a besoin d'être assisté de son conseil, ne comprennent pas l'autorisation des actes de la femme.

Le système le plus conforme au texte est, sans contredit, celui qui accorde au mari faible d'esprit le droit d'autoriser seul sa femme à faire toute espèce d'actes ; en effet, l'art. 222 ne retire le droit d'autorisation qu'au mari interdit, et nous venons de voir que ce droit n'est pas compris par les art. 499 et et 513 parmi ceux que le faible d'esprit a perdu le droit d'exercer seul (2).

Mais ce système est si ouvertement opposé à l'esprit de la loi, le résultat auquel il amène est si contraire à la raison, que c'est bien le cas, selon nous, de négliger un peu la lettre pour chercher une décision conforme aux principes. On ne peut pas comprendre, en effet, qu'une personne confère à une autre une capacité qu'elle n'a pas. A peine expliquerait-on ce résultat dans l'ancien droit qui ne donnait pour base à l'autorisation que la puissance maritale, mais il contredirait d'une manière flagrante l'idée de protection éclairée que notre code a imposée au mari;

(1) Arrêt du 27 août 1833. Paris.
(2) M. Duranton, t. 2, n° 507.

et on peut tirer un argument *à simili* très puissant de l'art. 224 qui enlève au mari mineur le droit de diriger sa femme dans les actes qu'elle veut faire

Ajoutons qu'on peut même révoquer en doute l'autorité du texte dans l'opinion que nous combattons. L'art. 222 ne parle, il est vrai, que de l'*interdit*; mais le mot *interdit* n'a pas toujours dans la loi un sens restreint ; ainsi, l'art. 442 qui déclare les interdits incapables d'être tuteurs ou de faire partie d'un conseil de famille, s'applique, tout le monde le reconnaît, non seulement à celui qui est frappé de l'interdiction proprement dite, mais même à celui qui n'est affligé que de la demi-interdiction dont nous nous occupons. Reconnaissons donc que le mari, pourvu d'un conseil judiciaire, est incapable d'autoriser sa femme à faire les actes qu'il ne peut pas faire lui-même (1).

109. Quant au sourd-muet, il n'est frappé d'aucune incapacité légale ; il n'y a que l'impossibilité physique d'exprimer sa volonté qui puisse le priver du droit d'autorisation.

110. L'absence du mari est encore une circonstance qui permet à la femme de recourir directement au tribunal pour se faire autoriser (art. 222, C. N.).

Faut-il entendre le mot absent dont se sert la loi dans son sens rigoureux, et ne comprendre par là que le mari, dont l'existence est incertaine, ou doit-on appliquer l'article à tous les cas où le mari est non

(1) Zachariæ, t. 3, nᵒ 331.—Demolombe, t. 4, nᵒ 220. — Devilleneuve, 1840, 1, 858.

présent ? — Il nous semble que l'art. 222 est assez large pour comprendre le cas de non présence : toutefois cette solution a besoin de tempérament.

Si le mari est trop éloigné pour que la femme ne puisse obtenir son autorisation que dans un délai qui lui serait préjudiciable, la justice pourra remplacer le mari : — On admettait ce point dans l'ancien droit (1), et nous ne croyons pas qu'on y ait dérogé depuis.

Mais, si le mari n'est qu'à une faible distance, ou que l'acte pour lequel la femme demande à être autorisée, puisse être différé sans inconvénient, nous pensons que la femme devra attendre le retour de son mari (2) ; autrement, le moindre éloignement de celui-ci serait pour la femme un moyen de se soustraire à son autorité.

111. Enfin le mari devient incapable d'autoriser sa femme quand il est frappé d'une condamnation à une peine afflictive ou infamante.

Cette incapacité dure autant que la peine elle-même quand la condamnation a été contradictoire, et tant que la peine n'a pas été prescrite, si la condamnation a été prononcée par contumace, et qu'elle n'ait pas été de nature à entraîner la mort civile au bout des cinq ans.

112. Une difficulté se présente sur ce point : l'art. 221 ne peut pas être appliqué d'une manière complète : il porte en effet que le mari est incapable de

(1) Pothier, Puissance du mari, n° 12.
(2) Marcadé, t. 1, art. 222.

donner une autorisation *pendant la durée de la peine* qu'il subit, ce qui indique évidemment une restriction à cette durée. — Or, toute peine afflictive ou infamante entraîne la dégradation civique qui constitue elle-même une peine infamante, et qui est perpétuelle. — On se trouve donc dans la nécessité, ou de rayer les mots *pendant la durée de la peine*, qui sont inexacts, puisque la peine est toujours perpétuelle, au moins, quant à la dégradation civique, ou, si l'on veut trouver une application à ces mots, on est entraîné à ne pas faire résulter de la dégradation civique l'incapacité d'autorisation.

M. Delvincourt a préféré le premier parti (1) ; mais il paraît impossible de supprimer ainsi une fraction d'article ; ces mots : « *pendant la durée de la peine* », montrent clairement que, dans l'idée du législateur, l'incapacité ne devait pas être perpétuelle ; et il est bien probable qu'en rédigeant l'art. **221** il n'a pas eu en vue la peine accessoire, mais seulement la peine principale qui peut être temporaire, et que c'est à elle seulement qu'il a attaché, comme effet, l'incapacité d'autoriser. Ajoutons que l'art. **34** du Code pénal qui énumère les privations de droit constituant la dégradation civique, ne fait aucune mention de l'incapacité d'autoriser la femme.

Concluons donc avec la majorité des auteurs que la dégradation civique, peine perpétuelle, n'entraîne pas l'incapacité dont parle l'art. **221**, mais que cette

(1) T. I, p. 73, note 185.

incapacité est plutôt la conséquence de l'interdiction légale qui accompagne toute peine afflictive ou infamante temporaire, et qui ne dépasse jamais la durée de la peine principale, ou qu'elle résulte de la mort civile attachée aux peines perpétuelles (1).

113. L'autorisation de la justice ne peut pas toujours suppléer celle du mari. Ainsi, nous avons vu précédemment (n. 22 et 23) que la femme, pour être commerçante, devait nécessairement obtenir le consentement de son mari : on voit encore dans l'art. 1029 que la femme ne peut recevoir une exécution testamentaire, sans l'autorisation de son mari, à moins qu'elle ne soit séparée de biens ; dans le premier cas, l'exigence de la loi est toute dans l'intérêt du mari ; ici, elle est dans l'intérêt de ceux qui sont appelés à la succession testamentaire, et que la loi a voulu protéger sérieusement contre la mauvaise foi et les dilapidations de l'exécuteur testamentaire. La femme, quand elle est autorisée par la justice, ne s'oblige que sur la nue-propriété de ses biens ; la loi n'a pas trouvé que cette garantie fût suffisante, et elle n'accorde à la femme l'exécution testamentaire que lorsqu'elle est obligée sur la toute propriété de ses biens, c'est-à-dire, lorsqu'étant commune, non commune ou dotale, elle est autorisée par son mari, ou lorsqu'étant séparée de biens elle est autorisée, soit par son mari, soit par la justice.

L'autorisation maritale ne pourra non plus être

(1) Zachariæ, t. 3, p. 330.—Valette sur Proudhon, t. 1, p. 470.—Duranton, t. 2, n° 507.—Demante, pr. t. 1, n° 258.

remplacée par celle de la justice pour habiliter la femme à compromettre ; c'est ce qui résulte des articles 85 et 1004 du Code de procédure combinés ; car l'art. 1004 porte que les affaires communicables au ministère public ne sont pas susceptibles de compromis, et l'art. 83 range les causes des femmes non autorisées par leur mari, parmi les causes communicables.

114. Voyons maintenant quelles formes on doit suivre pour obtenir l'autorisation de justice.

L'autorisation peut être demandée par la femme, soit qu'elle veuille intenter un procès, soit qu'elle veuille faire un acte extra-judiciaire ; elle peut encore être demandée par un tiers, lorsque ce tiers veut à son tour diriger une action contre la femme.

Quand la femme demande une autorisation, nous avons vu qu'elle doit s'adresser préalablement à son mari ; il est probable qu'elle le fera d'abord à l'amiable, sans avoir recours aux formes judiciaires. En cas de refus de sa part, elle doit lui faire une sommation par huissier, de l'autoriser dans un délai qu'elle déterminera, et si, à l'expiration de ce délai, le mari a persisté dans son refus, la femme présente au président du tribunal une requête, afin d'être autorisé à le citer devant la chambre du conseil.

115. Cette nécessité d'une sommation préalable n'est exigée, bien entendu, que dans le cas où le mari est présent, et qu'il n'est ni interdit, ni mineur, ni condamné à une peine afflictive ou infamante ; car

dans ces cas, il est incapable d'autoriser sa femme, et ne doit pas par conséquent être consulté.

Non-seulement la sommation est inutile dans les cas d'absence ou d'incapacité, mais la femme n'a pas à citer son mari devant la chambre du conseil, et par conséquent sa requête tend à obtenir immédiatement l'autorisation de faire l'acte qu'elle a en vue.

116. Quelques auteurs cependant ont fait une distinction entre le mari mineur et les autres incapables (1); il est vrai, disent-ils, que le mari mineur est incapable d'autoriser sa femme pour les actes autres que ceux que peut faire un mineur émancipé ; aussi, la femme n'a-t-elle pas de sommation à lui faire, mais il doit au moins être consulté, car son incapacité n'est pas aussi complète que celle de l'interdit et du condamné ; et nous voyons que l'art. 221 , qui permet au juge de prononcer l'autorisation sans que le mari ait été entendu ou appelé, quand celui-ci a subi une condamnation afflictive ou infamante , ne donne pas le même droit au juge, quand le mari est mineur.

Sans doute, il sera souvent fort utile d'appeler le mari mineur dans la chambre du conseil, afin de connaître son avis et d'apprendre de lui des circonstances de nature à éclairer la justice ; mais il ne nous paraît pas que ce droit qu'a le président de faire citer le mari, se transforme pour lui en une obligation.

Quand le mari est mineur, il est frappé de l'inca-

<hr>

(1) Toullier, t. 2, n. 653.—Fouquet, Encyclopédie du Droit, n° 75.

pacité d'autoriser sa femme, il en est frappé comme l'interdit, dans les mêmes termes ; il est vrai que nous avons accordé au mineur une demi-capacité, en lui reconnaissant le droit d'autoriser sa femme pour les actes qu'il pourrait faire lui-même ; mais cette décision est dans les principes du droit, elle est la saine interprétation du motif qui fait accorder ou refuser au mari le droit d'autorisation ; toute autre extension à la capacité du mari mineur est arbitraire et doit être repoussée.

On a voulu la justifier par la disposition de l'art. 221, d'où on a tiré un argument *à contrario*. Mais cet argument n'est pas sérieux, car si l'on veut conclure *à contrario* du silence de l'art. sur le mari mineur, il faut tirer la même conclusion à l'égard du mari interdit, sur lequel l'article est également muet. D'ailleurs, on fait remarquer avec beaucoup de raison (1) que la rédaction des art. 221 et suivants est trop vicieuse pour qu'on puisse s'attacher à leur lettre, et résoudre des questions importantes, en s'appuyant uniquement sur leurs termes plus ou moins réfléchis. C'est ainsi que les mots « *même majeure* » de l'art. 221, feraient penser que lorsque le mari n'a pas subi de condamnation, la femme majeure n'est pas soumise à l'autorisation de la justice ; c'est ainsi encore que l'art. 224, relatif au cas où le mari est mineur, n'indiquant pas pour le juge, comme l'art. 222, l'obligation de ne se prononcer qu'en

—

(1) Demolombe, t. 4, n° 233.

connaissance de cause, on pourrait dire qu'alors le juge est affranchi de ce devoir. Or, toutes ces conclusions seraient fausses. Reconnaissons donc que le mari mineur est incapable d'autoriser sa femme au même degré que l'interdit ou le condamné, sauf les cas qui rentrent dans l'administration, et que, par conséquent, sa présence n'est nullement exigée en la chambre du conseil, lors de la discussion sur l'autorisation que demande la femme.

117. Quand le mari est absent, la femme s'adressant directement à la justice, sans avoir fait de sommation à son mari dont elle ignore l'existence, doit justifier soit du jugement de déclaration d'absence, soit du jugement qui ordonne l'enquête, soit enfin si aucun jugement n'a été rendu d'un acte de notoriété attestant l'incertitude où on est sur l'existence du mari. (Art. 363, c. de pr.)

Quand le mari est interdit, la femme doit être munie du jugement d'interdiction (art. 364, c. de pr.); si l'interdiction n'est pas encore prononcée; mais que le mari soit atteint d'aliénation mentale des pièces à l'appui de ce fait doivent être mises sous les yeux du tribunal.

Enfin, quand le mari est condamné ou mineur, la femme doit présenter une expédition de l'arrêt de condamnation ou l'acte de naissance.

118. La citation, dans les cas où elle doit être faite, c'est-à-dire quand le mari est présent et capable, est signifiée au mari par un huissier; elle contient l'indication d'un délai fixé par le président du tribunal, et

passé lequel on examinera la demande de la femme, soit que le mari se présente, soit qu'il se refuse à venir faire les observations qu'on voulait obtenir de lui.

119. Dans quel lieu et suivant quelles formes aura lieu cette instance devant la justice ?

C'est dans la chambre du conseil que les époux seront entendus (art. 861, C. d. pr.). C'eût été compromettre leurs intérêts, et souvent amener un scandale, que de les forcer à exposer en public tous les secrets de leurs affaires, et à s'adresser mutuellement à l'audience même des récriminations et des reproches qui dévoileraient entre eux de fâcheuses dissentions. La loi a donc sagement fait d'enlever à la publicité toute trace de ce débat. On peut s'appuyer d'ailleurs, pour justifier encore la décision de la loi, s'il en était besoin, sur le caractère tout exceptionnel de la demande en autorisation, caractère qui la soustrait naturellement aux règles ordinaires des instances en justice ; car le jugement à intervenir est plutôt, selon les expressions de M. Chauveau (sur Carré), un acte de tutelle qu'un véritable jugement.

120. Les époux pourront se faire assister de leurs avoués ou de leurs avocats ; le ministère des avoués ne sera pas obligatoire, parce qu'encore une fois nous sommes en dehors des règles ordinaires sur les procès, et que la contestation dont il s'agit est une discussion de famille qu'il importe de terminer le plus simplement possible ; mais il ne faudra pas aller jusqu'à exclure l'intervention des conseils des époux, car

la faculté de se faire représenter en justice est de droit commun et ne peut être enlevée aux parties que par une disposition formelle de la loi. Il sera d'ailleurs à la fois de l'intérêt de la justice et de l'intérêt des parties qu'un homme versé dans les affaires et habitué aux contestations judiciaires soit chargé de présenter les faits : le tribunal sera mieux et plus promptement éclairé.

121. La loi, en renfermant les débats dans la chambre du conseil, n'aurait rempli que la moitié de sa tâche, ou plutôt aurait pris une mesure inutile, si le ministère public devait poser ses conclusions à l'audience ; car il lui est impossible de ne pas rappeler, au moins succinctement, dans les observations qu'il présente au tribunal, les faits qui ont été exposés par les parties ou leurs avocats.

Nous pensons donc que toute l'instance doit se passer dans la chambre du conseil.

Ce point est cependant des plus contestés ; certains auteurs et de nombreux arrêts (1) font prévaloir l'opinion contraire.

L'article 861 du Code de procédure, dit-on, qui porte que les époux seront entendus dans la chambre du conseil, et qui établit ainsi une dérogation aux règles ordinaires de la procédure, ne s'occupe ni des conclusions du ministère public, ni du jugement ; c'est l'article suivant, qui a trait à ces matiè-

____

(1) Berriat Saint-Prix, procéd. civil., t. 2, p. 666, n° 12. — Marcadé, t. 1, art. 219, n° 2.—Sirey, 1826, 1, 252.—Sirey, 1828, 2, 222.—Dalloz, p. 49, 2, 127.—Dalloz, p. 50, 1, 161.

res, et il n'admet pas à leur égard , la même dérogation. Donc, quant aux conclusions du ministère public, et au jugement, on reste sous l'empire des principes généraux.

Cela paraît si clair à M. Marcadé, qu'il ne discute pas même la question : « *d'après l'article 862,* » dit-il, « *c'est à l'audience publique que le tribunal, après* « *les plaidoiries des avocats, s'il y a lieu, et toujours* « *sur les conclusions du ministère public, rend un* « *jugement statuant sur la demande de la femme.* »

Mais nous ne voyons pas que l'article 862 soit aussi explicite, dans le sens de M. Marcadé; et nous ne saisissons pas l'antithèse qu'on veut trouver entre l'article 861 et l'article 862. Il est vrai que l'article 862 n'indique pas la chambre du conseil comme lieu où les conclusions du ministère public devront être posées, et où le jugement devra être rendu. Mais son silence à cet égard ne doit pas être interprété dans le sens d'un retour aux principes généraux ; il n'est pas exact que le législateur, en négligeant d'indiquer la chambre du conseil , ait hautement manifesté par là la volonté qu'on revînt à l'audience publique; et en effet, l'article 862 n'est nullement fait , comme le précédent, pour indiquer la forme : il a une tout autre portée, il a pour but d'exiger que le ministère public se fasse entendre. Cet article nous paraît donc tout-à-fait étranger à notre question; et il ne s'agit plus que d'interpréter d'une manière raisonnable et utile, la disposition de l'article 861.

Nous avons dit plus haut, et nous répétons, que la

précaution prise par la loi, de faire entendre les parties en la chambre du conseil, serait rendue complètement illusoire, si la voix du ministère public allait divulguer les faits qu'on avait d'abord voulu tenir cachés : l'article 861 deviendrait donc sans objet, si on décidait que la seconde partie de l'instance doit se passer à l'audience, et nous considérons qu'il est contraire aux règles fondamentales du droit d'interpréter une disposition dans le sens où elle ne peut produire aucun effet.

Ainsi l'instance tout entière à fin d'autorisation, nous paraît devoir se passer devant la chambre du conseil (1). Cette solution est d'ailleurs conforme au sentiment si formellement rendu par l'orateur du gouvernement, M. Berlier, qui s'exprimait ainsi : « *Ce* « *sera à la chambre du conseil que le mari sera cité,* « *que les parties seront entendues, et que le juge* « *ment sera rendu sur les conclusions du ministère* « *public* (2). »

122. Le tribunal entendra donc les motifs de la femme, les objections du mari ; il entendra aussi les observations du ministère public, et il rendra son jugement sur la demande en autorisation.

De toutes les précautions que la loi impose à la justice, pour s'éclairer sur les affaires des époux, de la nécessité même où est placé le tribunal d'examiner et de peser avec soin les motifs à l'appui de la demande qui lui est soumise, on doit conclure, comme nous

---

(1) Demol., t. 4, n° 256.—Carré, pr. civ., t. 3, n° 2923.
(2) Locré, lég. civile, t. xxiii, p. 152.

l'avons déjà fait remarquer précédemment, que l'autorisation peut, selon les cas, selon qu'elle paraîtra ou non opportune, être accordée ou refusée. Et si l'autorisation peut être refusée, il en résulte qu'elle peut, à plus forte raison, n'être accordée que partiellement, ou sous certaines conditions.

123. L'autorisation doit être demandée au tribunal du domicile commun des époux, c'est-à-dire à celui du domicile du mari. Si les époux sont séparés de corps, c'est encore au tribunal du domicile du mari qu'il faut s'adresser, car le mari est défendeur dans la demande en autorisation.

Si, pourtant, dans le cas de séparation de corps, et la femme ayant un domicile distinct, la justice était appelée à donner son autorisation, non par suite de refus, mais à cause de l'interdiction, de la minorité, de l'absence ou d'une condamnation afflictive du mari, celui-ci n'étant nullement en cause, il nous semble que la femme saisirait valablement le tribunal de son propre domicile.

124. Les demandes en autorisation doivent être réservées à la chambre où siége habituellement le président (1).

125. L'appel étant de droit commun, les époux, ou la femme si elle est seule en instance, peuvent interjeter appel de la décision du tribunal qui a accordé ou refusé l'autorisation. Ou bien encore, lorsqu'une femme, autorisée à plaider en première in-

____

(1) Décret du 30 mars 1808, art. 60.

stance, a perdu son procès, elle est soumise, si elle veut appeler du jugement qui la condamne, à la nécessité d'obtenir une nouvelle autorisation. Cette autorisation, pour plaider devant une Cour impériale, doit être demandée à une juridiction du même degré, c'est-à-dire à une Cour qui sera celle du domicile du mari ou du domicile de la femme, suivant ce que nous venons de dire plus haut ; et l'instance sera suivie dans les formes que nous avons indiquées pour les tribunaux de première instance. S'il y a pourvoi en cassation, c'est la Cour suprême qui sera saisie elle-même de la demande en autorisation.

126. Quand la femme est défenderesse, il n'y a pas une instance principale en autorisation : on n'adresse ni requête au président, ni sommation au mari ; en conséquence, l'instance dirigée contre une femme ne doit pas être précédée d'une autorisation préalable. Le demandeur assigne directement la femme à comparaître en justice pour plaider au fond, et il assigne en même temps le mari pour autoriser sa femme : telle est la marche indiquée dans l'art. 818 du Code civil lorsque les cohéritiers d'une femme mariée veulent provoquer contre elle un partage définitif.

Mais si une autorisation préalable n'est pas nécessaire, il faut que le tribunal prenne soin de prononcer spécialement sur le chef de l'autorisation, car l'autorisation doit être expresse (1).

Le défaut du mari sera considéré comme un refus

(1) Journal du palais, t. 2, 1840, p. 205.

de sa part d'autoriser, et le tribunal pourra accorder lui-même l'autorisation.

127. Les règles de compétence ne sont pas les mêmes que dans le cas où la femme est demanderesse. Car la demande d'autorisation ne formant pas une instance spéciale, mais étant au contraire un incident, un accessoire de l'instance principale, le tribunal compétent pour l'instance principale, le sera aussi pour la demande d'autorisation. Ainsi, les tribunaux exceptionnels, tels que la justice de paix, le tribunal de commerce, incompétents pour statuer sur une demande principale formée par la femme, à l'effet de de se faire autoriser, seront parfaitement compétents pour autoriser cette femme à défendre à une action dont ils sont saisis contre elle.

128. La justice pourra-t-elle refuser à la femme l'autorisation de défendre à un procès, comme elle peut lui refuser l'autorisation d'intenter une action?

Il faut sans hésiter admettre l'affirmative, comme nous l'avons fait au n° **13** ; et en effet, rien dans la loi ne nous autorise à distinguer le rôle de la femme dans l'instance où elle doit figurer. Le tribunal doit interroger les parties et entendre le ministère public avant de prononcer, et cela, quel que soit l'acte pour lequel la femme demande à être habilitée. Il faut en conclure que le tribunal a, non seulement le droit, mais le devoir de ne prononcer sur l'autorisation, que suivant la conviction qu'il a puisée dans les débats.

Mais que se passera-t-il, si la femme n'obtient pas l'autorisation de défendre à l'action dirigée contre elle? Il est certain que le droit du demandeur ne pourra pas être paralysé, au contraire ; celui-ci obtiendra, contre la femme, une condamnation par défaut.

Mais il y a cela de bizarre, que pour que la procédure soit régulière, ce jugement par défaut, obtenu contre une femme que le tribunal a empêchée de se défendre, doit contenir la mention que la femme a été autorisée. Et en effet, une femme mariée ne peut figurer dans aucune instance, ni par conséquent être l'objet d'une condamnation même par défaut, sans avoir été autorisée (1).

129. Lorsque la femme veut contracter, et qu'elle est dans le cas d'obtenir l'autorisation de la justice, elle est soumise, pour sa demande d'autorisation, quant à la compétence et aux formes de la demande, aux mêmes règles que lorsqu'elle veut se faire autoriser à intenter une action.

130. On a soutenu (2) cependant que pour obtenir l'autorisation à l'effet de contracter, la femme était dispensée de présenter une requête au président du tribunal, parce qu'aux termes de l'art. 219 du Code civil, « la femme peut faire citer directement le mari devant le tribunal. »

Cette prétention n'a pas réussi, et tout le monde est d'accord aujourd'hui qu'aucune distinction ne doit être faite entre le cas où la femme veut contracter, et celui où elle veut agir en justice. D'abord une pareille distinction, en supposant qu'elle fût consacrée

(1) Demolombe, t. 4, n° 269.
(2) Chauveau sur Carré, art. 861, n° 2917.

par la loi, serait tout-à-fait injustifiable. Mais elle ne nous semble pas résulter de la loi, et l'argument de texte tiré de l'art. 219 ne nous paraît pas convaincant.

En effet, l'art. 861 du Code de procédure, placé sous une rubrique tout-à-fait générale, dans une section qui s'occupe, sans restriction, de *l'autorisation de la femme mariée*, doit évidemment être interprété de la manière la plus large; et il faut admettre que cet article statuant sur les formes que doit suivre la femme pour se faire autoriser à *la poursuite*, c'est-à-dire à *l'exercice* de ses droits, il faut admettre, disons-nous, que cet article déroge, non-seulement à l'art. 218 du Code civil, mais même à l'art. 219, et qu'il s'applique aussi bien au cas où la poursuite des droits de la femme consiste à passer un acte, que lorsqu'il consiste à poursuivre un débiteur ou à revendiquer un immeuble (1).

SECTION III. — *Des effets de l'autorisation du mari ou de justice*

131. L'autorisation, soit du mari, soit de la justice, a pour but et pour effet de relever la femme de l'incapacité dont elle a été frappée par la loi. La femme,

(1) Valette sur Proudhon, t. 1, p. 468.—Demolombe, t. 4, n° 250. — Colmet d'Aage, Leçons de procédure, t. 3, n° 527.— Zachariæ, t. 3, n° 329.—Merlin. Rép., t. 1, V° Autorisation maritale, section, VIII, n° 2.

par le moyen de l'autorisation, rentre donc dans le droit commun ; elle peut être considérée, quant aux actes qu'elle est autorisée à faire, comme une fille majeure. Ainsi l'autorisation anéantit le moyen de nullité qui résulte de l'incapacité ; mais son effet se borne là, et l'acte fait par la femme n'en est pas moins soumis à toutes les règles de validité qui sont tracées pour les actes de cette nature faits par des personnes capables. Si donc la femme autorisée paie une dette que plus tard on reconnaît n'avoir jamais existé, elle aura l'action en répétition de l'indû (1) ; si elle fait une donation à une personne incapable de recevoir, si elle consent une hypothèque sans se soumettre aux formes légales, elle pourra attaquer sa donation ou sa constitution d'hypothèque.

132. L'autorisation donnée par le mari ou la justice n'entraîne à leur égard aucune responsabilité. Quant à l'autorisation de justice, cela est hors de doute ; car il est de principe fondamental que jamais le juge ne peut être inquiété à raison des décisions qu'il rend, à moins qu'il n'ait *fait le procès sien*, comme disaient les Romains, et qu'il y ait lieu à la *prise à partie*.

Le mari lui-même ne s'expose à aucun recours par l'autorisation, même imprudente ou inconsidérée qu'il accorde à sa femme ; et celle-ci n'aurait contre lui aucune action en indemnité, sous le prétexte que l'autorisation qui lui a été donnée aurait été contraire à ses intérêts.

133. Mais si le mari n'est aucunement garant de

(1) Dalloz, a. 10, 118.

l'opportunité de son autorisation, il est quelquefois obligé de suivre sous sa responsabilité personnelle l'opération qu'il a permis à sa femme d'entreprendre.

C'est ainsi que l'art. 1450 déclare le mari garant de l'emploi ou du remploi du prix de l'immeuble que la femme a aliéné.

134. Cet article ne trouve son application que lorsque les époux sont séparés de biens, ou lorsqu'ils sont mariés sous le régime dotal, et que l'immeuble vendu est paraphernal (1). En effet, quand les époux sont mariés en communauté ou sans communauté, c'est le mari qui a l'administration des biens, et c'est lui, par conséquent, qui est tenu de faire l'emploi et le remploi des biens aliénés. Mais quand les époux sont séparés de biens, la femme administre son patrimoine, et si elle a entre les mains des capitaux libres, elle peut les placer comme bon lui semble ; elle peut même se refuser à en faire un emploi profitable, et les garder improductifs dans sa caisse. Le mari ne peut pas s'immiscer dans la gérance des biens de sa femme, et imprimer une direction à son administration : aussi, quand plus tard le mariage sera dissout et que les capitaux de sa femme ne se retrouveront plus, on ne pourra accuser le mari de les avoir dissipés ou laissé dissiper.

135. Il est pourtant deux cas où la loi fait exception à ces principes ; c'est lorsque la femme a aliéné un de ses immeubles avec le consentement et en la présence de son mari, ou quand l'aliénation a eu lieu

(1) Marcadé, t. V, p. 587.

avec le consentement de la justice, si le mari a con-
couru au contrat.

On présume alors que le prix de l'immeuble est
tombé entre les mains du mari : et, par conséquent,
s'il ne justifie pas de l'emploi qui en a été fait, il est
obligé, à la dissolution du mariage, de le restituer. Seulement, comme cette nécessité de justifier de l'emploi
ne résulte pas de l'obligation où serait le mari de surveiller l'usage que sa femme a pu faire de son capital,
mais a uniquement pour but de détruire une présomption de détournement , le mari n'est pas tenu de justifier de l'utilité de l'emploi : il est pleinement déchargé de sa responsabilité. quand il a prouvé que la
somme n'a pas tourné à son profit.

136. La présomption de la loi et la responsabilité qui
en résulte pour le mari n'ont lieu que dans les deux
cas indiqués par l'art. 1450, et dont nous venons de
parler ; mais rien n'empêche la femme et ses ayants-
cause, quand cette présomption leur manque, et de
quelque manière qu'ait eu lieu l'aliénation, de fournir la preuve que le prix de l'immeuble a tourné au
profit du mari.

137. L'autorisation confère à la femme , ainsi que
nous l'avons dit plus haut, la capacité qu'elle aurait
si elle n'était pas sous puissance de mari ; les actes
qu'elle fait, les engagements qu'elle prend avec l'autorisation , cessent d'être soumis à l'action en nullité
résultant de sa qualité de femme mariée. Néanmoins,
il ne faut faire une assimilation complète entre la
femme mariée autorisée et une fille ou veuve majeure

que lorsque l'autorisation est donnée par le mari ;
quand elle émane de la justice, les engagements de la
femme ne frappent pas ses biens d'une manière aussi
absolue. L'autorisation de la justice ne doit jamais porter atteinte aux droits du mari; et, par conséquent,
les actes faits par la femme avec l'autorisation de
justice ne peuvent l'engager que sur la partie des
biens qui n'est pas affectée aux droits de son mari ;
c'est-à-dire que si la femme est mariée sous le régime
en communauté ou sans communauté, les obligations
ne peuvent être poursuivies que sur la nue-propriété
de ses biens, car la jouissance en appartient à la communauté ou au mari. Et cela est vrai, non seulement
des obligations qui incombent à la femme par suite
de ses contrats , mais aussi de celles qui résultent de
condamnations judiciaires.

138. Il a pourtant été jugé par la cour de Besan-
çon que le mari qui a refusé d'autoriser sa femme à
ester en justice à raison de ses deniers dotaux, sans
donner ses motifs, a tacitement adhéré à l'autorisation judiciaire et est soumis aux conséquences de la
condamnation prononcée contre sa femme (1).

Mais cette prétention nous paraît erronnée ; nulle
part il n'est dit que l'autorisation de justice entraîne
contre le mari la responsabilité des condamnations en-
courues par la femme. C'est au contraire un principe reconnu, que le mari n'est obligé par les actes
de sa femme que lorsqu'il les a lui-même autorisés
(1409, 2°), et il est impossible de voir une autorisa-

(1) D. a. 9. 634. — D. p. 2, 562.

tion implicite du mari dans l'autorisation de justice, dont l'existence seule est une preuve que le consentement du mari a fait défaut (1).

139. En résumé, l'art. 1426 établit que les actes faits avec l'autorisation de justice n'obligent pas la communauté ; à plus forte raison n'obligent-ils pas le mari ; et la loi ne distingue pas si l'autorisation a été accordée contradictoirement avec le mari, ou le mari faisant défaut.

140. Mais l'art. 1427 apporte une double dérogation au précédent, en décidant que la femme oblige la communauté, et par conséquent la pleine propriété de ses propres biens, quand elle contracte dans le but de tirer son mari de prison ou d'établir ses enfants en l'absence de son mari. Rien n'est plus juste, en effet, que de mettre ces obligations à la charge du mari, puisque toutes deux lui profitent, l'une en lui rendant la liberté dont il est privé, l'autre en l'affranchissant d'une dépense qu'il aurait dû faire lui-même.

141. L'article 1427 est-il limitatif, ou bien doit-on étendre son application à tous les cas analogues ?

La question est discutée ; néanmoins la plupart des auteurs (2) s'accordent à refuser à notre article un caractère limitatif. On argumente dans cette opinion du mot *même*. *La femme ne peut engager les biens de la communauté*, dit le texte, MÊME *pour tirer son*

---

(1) Merlin, V° Autorisation maritale, t. 1, p. 608. — Dalloz, a. 10. 149, n° 9.

(2) Duranton, t. 14, n° 505. — Demolombe, t. 4, n° 321. — Rodière et Pont, t. 1, n° 612. — Troplong, t. 2, n° 970.

mari de prison,… qu'après y avoir été autorisée par justice. Dire que l'autorisation de justice est nécessaire à la femme pour obliger la communauté, *même* dans les cas les plus favorables, n'est-ce pas dire qu'elle est également nécessaire pour le même objet dans les autres cas?

L'argument n'est pas irréfutable; il nous paraît difficile qu'on puisse fonder sur un mot jeté peut-être inconsidérément au milieu d'une phrase, une théorie aussi grave. L'article, d'ailleurs, est mal rédigé, il ne rend pas bien la pensée du législateur : car si on voulait le prendre à la lettre, et l'interpréter dans le sens rigoureux de ses termes, on reconnaîtrait qu'il présuppose comme un principe général que les biens de la communauté peuvent toujours être engagés sur la simple autorisation de justice ; ce qui est inacceptable, et détruit complétement le principe posé par l'article 1409.

Nous nous rangeons néanmoins à l'opinion commune ; la femme, autorisée seulement par la justice, oblige son mari et la communauté, toutes les fois qu'elle agit dans leur intérêt. Mais nous ne nous fondons pas sur l'article 1427, que nous écartons au contraire comme vicieux et comme inutile : comme vicieux, nous avons essayé de l'établir, il amène à une conséquence fausse : comme inutile, car avec les principes de la gestion d'affaires, on établit facilement les cas dans lesquels la femme peut obliger la communauté et son mari.

La femme, sur l'autorisation de la justice, a-t-elle

fait l'affaire de la communauté ou de son mari? Elle s'est obligée sur ses propres biens, car pour cela l'autorisation de justice suffit toujours, et elle a obligé la communauté et son mari, car toute personne, même incapable, oblige celui dont elle a géré utilement l'affaire, et il est incontestable que si la femme eût fait l'affaire d'un tiers, celui-ci serait obligé. On peut aller plus loin et dire que la femme oblige la communauté et son mari, alors même qu'elle agit seule et sans l'autorisation de justice, car le défaut d'autorisation n'empêche pas qu'il y ait *in rem versum*. Mais dans ce dernier cas, la femme aura obligé la communauté et son mari, sans s'obliger elle-même.

142. L'autorisation du mari rend à la femme toute sa capacité; celle-ci peut donc, quand elle est autorisée par son mari, engager la toute-propriété de ses biens; et même, sous le régime de la communauté, obliger la communauté et son mari.

143. Ce principe souffre exception; mais ici encore s'élève une difficulté sur la manière plus ou moins limitative dont il faut entendre cette exception.

L'article 1413 établit que la femme pourra être poursuivie pour les dettes d'une succession à elle échue, qu'elle aura acceptée avec l'autorisation du mari. Et il résulte par *a contrario* de l'article 1432, que le mari n'est pas obligé, quand sa femme a vendu n immeuble avec son consentement.

Cette double exception est facile à justifier : si, en principe, le mari s'oblige par les autorisations qu'il donne (art. 1419), c'est qu'on suppose que les actes qu'il autorise concernent son intérêt ou l'intérêt de la communauté ; mais dans les deux espèces proposées, il est évident que le mari et la communauté restent complétement étrangers à l'acte fait par la femme : aucun avantage ne résulte ni ne peut résulter directement de l'acceptation par la femme d'une succession purement immobilière, ou de la vente d'un immeuble propre.

Mais les deux cas des articles 1413 et 1432 doivent-ils être entendus avec restriction ? ou doit-on plutôt les prendre pour types d'une exception plus large, et décider par analogie que ni le mari ni la communauté ne sont obligés, toutes les fois que l'acte pour lequel l'autorisation a été donnée n'intéresse ni le mari, ni la communauté ?

Quoique la première opinion séduise d'abord parce qu'elle a d'équitable, nous n'hésiterons pas à préférer la seconde. En effet, ce serait faire la loi et se lancer dans l'arbitraire, que d'établir par des rapprochements plus ou moins exacts, des dérogations au principe formel de l'art. 1419. De pareilles argumentations sont dangereuses, et amènent souvent à réduire à des cas particuliers l'application de règles posées d'une manière générale.

Au reste, celui qui voudra se soustraire aux conséquences de son autorisation, peut le faire facilement en refusant à la femme son consentement, et en la forçant ainsi à obtenir celui de la justice (1).

(1) Demolombe, t. 4, n° 310.—Rodière et Pont, t. 1, n° 59.

144. Le mari est tenu personnellement de toutes les dettes contractées par sa femme avec son consentement, mais il n'en est pas tenu de la même manière ; ainsi quand la femme est commerçante, la contrainte par corps qui pèse sur elle ne frappe pas le mari. Les anciens auteurs (1) étaient, il est vrai, d'un avis opposé, mais nous avons de bonnes raisons pour penser que leur opinion n'était pas exacte, ou qu'au moins elle ne l'est plus aujourd'hui.

On peut dire d'abord, que la dette du mari n'est pas de la même nature que celle de la femme ; l'obligation de la femme est commerciale, tandis que celle du mari n'est que l'obligation d'un garant, obligation purement civile ; il ne sera pas plus soumis à la contrainte par corps que ne le serait une caution, si elle ne s'y était pas expressément soumise. D'ailleurs, la contrainte par corps présente ce caractère tout spécial, d'être essentiellement de droit strict, et de ne pouvoir être prononcée que dans les cas déterminés par la loi (art. 2063) (2).

145. Le mari ne s'oblige par son autorisation, que sous le régime de la communauté. Dans les autres régimes, où les intérêts des époux ne se confondent pas, le mari reste étranger aux conséquences de son autorisation, seulement la femme, en agissant avec le consentement de son mari, s'oblige sur la toute-propriété de ses biens, même de ceux dont le mari au-

___

(1) Pothier, de la Puissance du mari, n° 22.

(2) Duranton, t. 2, n° 182-186. — Zachariæ, t. 3, p. 447. — Marcadé, art. 220, n° 2.

rait conservé la jouissance, tandis qu'avec l'autorisation de la justice, elle n'engage que la nue-propriété de ces derniers.

Il est bien entendu, d'ailleurs, que si, au lieu de se borner à autoriser sa femme, le mari agissait conjointement avec elle, il serait personnellement obligé.

CHAPITRE III.

Du défaut d'autorisation et de la nullité qui en résulte.

146. Les actes faits par la femme sans autorisation, étaient, dans notre ancien droit, frappés d'une nullité absolue. — Le Code civil a donné à cette nullité un caractère purement relatif : elle est couverte par un silence de dix ans, et ne peut être provoquée que par certaines personnes déterminées par la loi.

I. *Par qui et comment peut être proposée la nullité des actes faits par la femme sans autorisation ?*

147. La nullité fondée sur le défaut d'autorisation, porte l'art. 225, ne peut être proposée que par le mari, par la femme, ou par leurs héritiers.

Par la femme : ce droit qui lui est donné de demander la nullité d'un acte qu'elle a librement consenti, n'est-il pas en désaccord avec les inspirations du for intérieur ? Sans doute, l'équité paraît blessée par cette disposition de la loi, et il faut s'empresser de chercher un motif qui la justifie. Quelques personnes voyant, dans l'action en nullité exercée par la femme, un retour aux devoirs dont elle s'était écartée, et la preuve d'une soumission qu'il faut encourager, ont pensé que le respect de l'autorité maritale et l'intérêt à conserver la paix du ménage expliquaient assez la faveur qu'on accordait à la femme, d'autant plus que les tiers qui ont contracté avec celle-ci étaient peu dignes de protection, ayant à s'imputer leur excès de confiance, et ayant dû savoir à quoi ils s'exposaient, en contractant d'une façon irrégulière.

Mais ces considérations nous paraissent insuffisantes pour justifier un droit aussi exorbitant que celui dont jouit la femme, de demander la nullité de ses propres actes. Quelle que soit l'imprudence des tiers, quelle que soit aussi la nécessité de faciliter à la femme le retour à ses devoirs, il nous paraîtrait profondément injuste de laisser les intérêts des tiers à la merci de la femme, dans un contrat qu'elle eût passé en parfaite connaissance de cause, et avec une complète intelligence de ses affaires. — Une pareille prérogative laissée à la femme soulèverait la conscience si elle n'était expliquée, comme elle nous paraît devoir l'être, par une présomption d'inhabileté et d'inexpérience qui rend nécessaire la restitution de la femme contre des engagements légèrement contractés.

148. Les tiers, avous-nous dit, ont été imprudents et méritent peu la protection de la loi ; mais, si les circonstances ont été telles que les tiers n'aient aucun reproche à s'adresser, devrons-nous maintenir

la même sévérité à leur égard? — Nous ne le croyons pas.

D'abord, si la femme a usé de manœuvres frauduleuses pour se faire passer pour fille ou veuve, nul doute qu'elle supporte les conséquences de son dol ; la femme s'oblige par ses délits, elle doit donc indemniser les tiers de sa fraude ; or, la meilleure manière de les indemniser est de ne pas faire naître le dommage. Elle devra donc exécuter le contrat, et ne sera pas restituable contre son engagement. Nous allons plus loin, et nous pensons que la femme serait encore valablement obligée, alors même que l'erreur des tiers ne serait pas le résultat de manœuvres frauduleuses de sa part, pourvu que cette erreur fût conforme à l'opinion générale, à la renommée sur la situation de la femme. Nous admettons bien que la simple déclaration faite par celle-ci qu'elle n'est pas en puissance de mari, ne suffit pas pour valider les obligations qu'elle contracte, car, s'il en était ainsi, autant vaudrait supprimer l'incapacité. Mais l'erreur commune, jointe au silence de la femme, n'est-elle pas une garantie suffisante contre la collusion de la femme avec les tiers, et ne doit-elle pas, par conséquent, protéger ceux-ci contre la nullité qui les menace ? c'est ce que le législateur semble avoir pensé en établissant dans l'art. 1307, pour les mineurs, une règle qu'il n'a pas cru devoir appliquer à la femme mariée.

On comprend très bien, en effet, que la loi se montre plus sévère pour ceux qui ont contracté avec un mineur que pour ceux qui ont eu affaire à une femme mariée. L'âge d'une personne se devine généralement à sa physionomie, à son extérieur ; les tiers sont en faute lorsqu'ils ont agi sans précaution avec une personne dont l'apparence indiquait un âge encore peu avancé. Mais la qualité de femme mariée ne peut s'induire d'autres circonstances que des habitudes, et de la manière de vivre d'une femme ; si donc une femme gouverne librement sa personne et ses biens, si sa conduite dénote une complète indépendance, les tiers sont excusables de l'avoir crue libre, et n'ont eu d'ailleurs aucun moyen de s'assurer du contraire.

Il faut donc, sous peine d'être injuste envers ces tiers, et sous peine de retirer tout crédit aux femmes, admettre, dans notre hypothèse, l'application du principe : *error communis facit jus* (1).

Si le mari, après avoir accordé son autorisation l'a révoquée, la femme est retombée dans son incapacité ; néanmoins, les actes passés avec elle dans l'ignorance de cette révocation seront valables si l'acte contenant l'autorisation expresse est resté entre les mains de la femme (art. 2004) ; il nous semble qu'on doit appliquer ici par analogie les règles du mandat.

150. La femme peut attaquer les actes faits irrégulièrement par elle, tant durant son mariage qu'après sa dissolution ; seulement, comme la crainte de s'attirer des reproches pour avoir agi sans autorisation peut l'empêcher pendant toute la durée du mariage d'intenter son action en nullité, la loi ne fait courir la pres-

(1) Aff. Marcadé, t. 1, p. 569.—Nég. Zacharie, t. 5, p. 348.—Duranton, t. 2, p 493.

cription contre elle qu'à partir de la dissolution du mariage.

Cette action sera intentée dans les formes ordinaires des actions en justice ; elle durera tant qu'une ratification expresse ou tacite ne l'aura pas couverte, conformément aux règles que nous allons exposer tout à l'heure.

151. Mais cela n'est vrai que lorsqu'il s'agit d'attaquer un acte extra-judiciaire. Des règles spéciales sont applicables en ce qui concerne les jugements rendus contre la femme non autorisée.

Les décisions judiciaires ne sont pas attaquables par les mêmes voies que les autres actes ; quelque irrégulières qu'elles soient, elles ne sont susceptibles d'autres recours que l'appel, le pourvoi en cassation et la requête civile, dans les délais déterminés au Code de procédure ; ainsi si la femme a été condamnée en première instance, sans avoir été autorisée à plaider, et que la signification du jugement ait été régulièrement faite à elle et à son mari, elle ne pourra attaquer ce jugement que par la voie d'appel et dans le délai de trois mois, à compter de la signification (143-144).—Ce délai courra contre elle durant le mariage, à la différence du délai de dix ans, pour attaquer les actes extra-judiciaires, parce que le mari ayant été instruit par la signification qui lui a été faite du jugement, que sa femme a soutenu un procès, celle-ci n'est plus retenue dans son action par la crainte de dévoiler à son mari un fait qu'il ne connaissait pas.

152. Si le tiers qui a obtenu un jugement néglige

de faire la signification, ou s'il ne la fait qu'irrégulièrement, en ne l'adressant qu'à la femme, le délai
d'appel ne court pas. Aussi, lorsqu'au bout de vingt-
huit ou vingt-neuf ans, le tiers, voulant faire exécuter son jugement, se décidera à le faire signifier, la
femme aura conservé le droit de le frapper d'appel (1).

153. Après l'arrêt d'appel, la femme aura encore le
recours en cassation, et pour la durée de ce recours,
on doit faire les mêmes observations que pour l'appel.

154. Si la femme meurt dans ce délai, ses héritiers
peuvent invoquer la nullité des actes faits par elle
sans autorisation ; ses créanciers même jouiront de ce
droit, quoiqu'on ait voulu le contester (2).

Il est vrai que l'article 225 est conçu dans une
forme limitative, et qu'il ne comprend pas les créanciers parmi les personnes auxquelles il accorde le droit
de provoquer la nullité ; mais il eût été bien inutile
en effet de mentionner les créanciers.—Ce n'est pas
de leur chef qu'ils intenteront l'action, c'est du chef
dé la femme, dont l'article 1166 leur permet d'exercer les actions : en sorte qu'en agissant ils ne sont que
les délégataires, les mandataires légaux de la femme.
On ne pouvait échapper à l'application de l'article
1166 qu'en soutenant que le droit de proposer la nullité est exclusivement attaché à la personne ; et nous
ne voyons pas sur quoi on fonderait une pareille prétention, car l'action dont il s'agit est essentiellement
pécuniaire (1).

(1) Dalloz, A. 1, p. 515.
(2) Toullier, t. 7, n° 567.
(3) Duranton, t. 2, p. 465.—Vazeille, t. 2, p. 135.

155. La caution de la femme pourrait-elle proposer la nullité de l'obligation principale ?

En principe, la négative est hors de doute ; l'art. 2012 tranche expressément la question : « On peut cautionner une obligation encore qu'elle pût être annulée par une exception purement personnelle à l'obligé. »

Mais si la caution a cru garantir une obligation valable, si elle a cru que la femme était fille ou veuve, ou autorisée, et qu'elle prouve son erreur, elle pourra invoquer la nullité de cette obligation, et se décharger ainsi d'un cautionnement fort onéreux pour elle, par l'impossibilité où elle est de recourir contre le débiteur principal.

156. Le mari peut aussi attaquer les actes faits par sa femme sans autorisation, car il est de son devoir de faire respecter l'autorité maritale.—Mais il ne peut user de ce droit que durant le mariage ; plus tard, il n'y aurait plus aucun titre, l'autorité maritale n'existant plus.

157. S'il ne peut pas lui-même exercer l'action en nullité après la dissolution du mariage, comment ses héritiers le pourraient-ils, comme le porte l'art. 225 ? C'est ce qu'il est assez difficile d'établir. On cite cependant plusieurs espèces dans lesquelles les héritiers auront un intérêt pécuniaire à agir, et où, par conséquent, ils pourront le faire ; en voici un exemple : La femme a contracté, durant son mariage, une obligation annulable au profit de Paul ; son mari meurt, et elle renonce, en fraude de son créancier, à la commu-

nauté qui est opulente; Paul attaque la renonciation comme frauduleuse; et les héritiers du mari, afin d'éviter la rescision d'une renonciation qui leur a profité, veulent faire prononcer la nullité de la créance de Paul. Il est incontestable qu'ils le peuvent; mais il faut remarquer que, dans cette espèce, comme dans les autres qu'on pourrait citer, les héritiers agissent non pas comme héritiers, comme représentant le mari, mais en leur qualité de créanciers de la femme; le mari lui-même pourrait, après la dissolution du mariage, intenter cette action, mais ce serait encore comme créancier et non comme mari.

Concluons de là que l'article est illogique en citant les héritiers du mari parmi ceux auquel il est permis d'intenter l'action en nullité; mais qu'en fait il est applicable, en ce que les héritiers peuvent se trouver dans telle position qu'ils aient le droit, indépendamment de leur qualité d'héritiers, d'attaquer les actes faits par la femme.

158. Enfin nous avons à voir si les créanciers du mari peuvent aussi exercer l'action en nullité.

Pour résoudre cette question, une distinction est nécessaire. Rappelons-nous que les créanciers n'ont pas une action qui leur soit propre; ils agissent au nom de leur débiteur, et dans le cas seulement où l'action ne tient pas à un droit exclusivement attaché à la personne du débiteur.—Il faut donc rechercher quelle est la nature du droit du mari. Nous avons dit plus haut que son droit était fondé sur la nécessité de faire respecter l'autorité maritale, et la preuve c'est qu'il peut attaquer les actes faits par sa femme, alors même que ces actes ne pourraient aucunement réfléchir sur lui. Un pareil droit est évidemment de la nature de ceux que la loi considère comme exclusivement attachés à la personne, et comme inaccessibles aux créanciers. D'ailleurs son refus d'agir équivaut à une ratification, et ne laisse plus place pour personne à l'action en nullité.

Mais après le mariage, si le mari, ou ses héritiers, ont un intérêt pécuniaire à ce que la nullité soit prononcée, comme dans l'espèce que nous avons citée au n° 157, leur droit est purement pécuniaire, et ne tient plus à la considération d'ordre public dont nous avons parlé plus haut; car cette considération cesse avec le mariage, et par conséquent les créanciers, soit du mari, soit de ses héritiers, doivent pouvoir exercer en leur nom l'action en nullité.

159. Les tiers qui ont contracté avec la femme, sont obligés de respecter l'acte qu'ils ont fait : cet acte, vicieux du côté de la femme, est valable à leur égard. Aussi n'ont-ils pas l'action en nullité pour attaquer l'acte quand il a été exécuté.

Mais si les choses sont encore entières, les parties seront-elles contraintes de s'exécuter sans conditions, ou pourront-elles exiger de la femme certaines garanties? Le second parti nous paraît le meilleur; ce serait dépasser le vœu de la loi que de donner à la femme le droit d'exiger un paiement, qu'il dépend de son caprice de rendre nul ou valable. Il est vrai que la loi refuse aux tiers le droit d'exiger la nullité de l'acte qu'ils ont contracté avec l'incapable, mais ce n'est pas notre cas; il s'agit dans notre espèce, d'un débiteur qui ne veut payer qu'au créancier capable de recevoir, et qui est autorisé dans cette prétention par l'art. 1239. Quand l'acte a été exécuté, les tiers n'ont plus aucun moyen de se mettre à l'abri de la nullité : ils doivent attendre que la femme ait pris son parti, et la loi lui donne pour cela un délai de dix ans.

160. Mais si elle se prononce pour la nullité, et qu'elle se refuse à son tour d'exécuter l'obligation dont elle a reçu l'équivalent, les tiers ont contre elle une action qui leur permet de répéter ce dont la femme s'est enrichie.

II. *De la ratification.*

161. La ratification peut être expresse ou tacite. La ratification tacite résulte, comme nous avons eu déjà l'occasion de le dire, d'un silence de dix ans gardé par ceux auxquels la loi permet d'intenter l'action en nullité. Ce délai court pour la femme et pour ses héritiers à compter de la dissolution du mariage (article 1304), et pour le mari à compter du moment où il a eu connaissance de l'acte; quant aux créanciers, comme ils n'agissent qu'au nom de leur débiteur, ils sont renfermés dans le même délai. La ratification tacite résulte encore de l'exécution volontaire, pourvu que cette exécution ait été faite avec l'intention de ratifier (art. 1338, C. N.) (1).

(1) Dalloz, 43, 1, 228.

162. La ratification expresse peut émaner, soit du mari, soit de la femme ou de ses héritiers. Le mari ne peut ratifier que durant le mariage, puisqu'après la dissolution il perd le droit de demander la nullité.

Peut-il ratifier seul, ou a-t-il besoin du concours de sa femme? La question est vivement débattue; nous n'hésitons pas cependant à décider que la ratification émanée du mari tout seul, rend l'acte absolument valable. Deux arguments sont présentés par l'opinion contraire: un argument de droit, un argument historique; l'un et l'autre nous paraissent faciles à écarter.

La loi, a-t-on dit d'abord, donne à la femme l'action en nullité; dès que l'acte est passé, la nullité est donc pour la femme un droit acquis qui ne peut lui être enlevé que de son consentement. Mais comment soutenir un droit acquis, qui a pour cause une violation de la loi? Il faut voir dans l'acte irrégulier dont il s'agit, un acte pour la validité duquel une double volonté était nécessaire, celle de la femme comme contractant, celle du mari comme autorisant; la volonté de la femme existe, il ne manque plus que celle du mari; quand le mari l'aura exprimée, l'acte sera parfait; où sera la place de la nullité? et qu'importe que la volonté du mari se réunisse immédiatement à celle de la femme, ou qu'elle vienne s'y joindre quelques instants plus tard? D'ailleurs, l'application de ces principes est formellement consacrée par la loi, dans une espèce tout-à-fait semblable en matière de nullité de mariage. (art. 183, C. N.).

On a dit encore que, l'art. 217 contenait, dans le projet, un second alinéa ainsi conçu : « Le consentement du mari, quoique postérieur à l'acte, suffit pour le valider. » Or, cet alinéa a été supprimé à la suite de la discussion à l'assemblée générale du conseil d'Etat. Donc, dans l'esprit du législateur, la volonté du mari est insuffisante pour opérer la ratification. Mais cette conclusion est inexacte, car il résulte du procès-verbal de la séance du conseil d'Etat, que la suppression du second alinéa de l'art. 217 est la suite d'un oubli, et non la preuve que la disposition qu'il contenait était contraire aux idées du conseil. A la lecture du projet, la discussion ne s'est engagée que sur le premier alinéa, qui a été modifié, et dans le remaniement de l'article on a omis le dernier alinéa qui n'avait été l'objet d'aucune controverse (1). Il faut donc écarter cette circonstance historique qu'on fait valoir contre nous, ou plutôt l'invoquer à l'appui de notre système, car elle montre que l'opinion de la section était conforme à celle que nous soutenons.

163. La femme ne peut ratifier seule ses actes annulables qu'après la dissolution du mariage; avant ce moment elle est soumise pour la ratification, à l'autorisation de son mari ou de la justice, qui lui était nécessaire pour faire l'acte lui-même. La ratification autorisée par le mari, fait produire à l'acte les mêmes effets que s'il avait été contracté dès l'origine avec le consentement du mari; quant à la ratification autorisée

<hr>

(1) Marcadé, t. I, p. 567.

par la justice, elle ne peut produire effet ni contre le mari, ni contre la communauté : elle rend l'acte exécutable seulement sur la nue-propriété des biens de la femme.

POSITIONS.

Droit romain.

I. Y a-t-il antinomie entre la loi 19, § 1 et la loi 2 du titre *de peculio?* — Non.

II. Est-ce bien l'action utile *de in rem verso* qui est donnée dans les lois 20, pr. et 21, du titre *de in rem verso*, et non l'action directe? — C'est bien l'action utile.

III. Y a-t-il contradiction entre la loi 10, § 3 et la loi 11, *de in rem verso?* — Non.

IV. Y avait-il dans l'ancien droit quelque assimilation juridique possible entre le *mandator* qui a donné mandat dans l'intérêt du mandataire et le *fidejussor?* — Non.

Droit civil français.

I. La femme mariée ne peut pas reconnaître un enfant naturel sans l'autorisation de son mari ou de justice.

II. La femme séparée de biens ne peut aliéner son mobilier que dans les limites de l'administration.

III. Le jugement qui prononce la séparation de biens n'emporte pas pour la femme l'autorisation implicite de faire tous les actes nécessaires à ses prélèvements ou à ses reprises.

IV. L'héritier qui est resté trente ans à partir de l'ouverture de la succession sans se prononcer, a perdu le droit de renoncer.

V. L'art. 2225 du Code Napoléon ne suppose pas que

le débiteur ait déjà renoncé à la prescription : il a pour but d'établir que le droit d'opposer la prescription n'est pas un droit exclusivement attaché à la personne.

VI. La caution qui a payé a un recours contre le tiers détenteur : mais le tiers détenteur n'a pas de recours contre la caution.

Droit criminel.

L'action civile née d'un crime, quand elle n'a pas été intentée en même temps que l'action publique, se prescrit par dix ans malgré la condamnation du coupable.

Histoire du Droit.

La communauté entre époux a une origine germanique.

Droit des gens.

I. Les étrangers jouissent en France de tous les droits civils qui ne leur sont pas expressément retirés par la loi.

II. L'étranger demandeur est soumis à la caution *judicatum solvi*, alors même que le défendeur est étranger.

Vu par le président de la thèse,
ROYER-COLLARD.

Vu par le doyen,
C. A. PELLAT.

Permis d'imprimer,

Le recteur de l'Académie de la Seine,
CAYX.

TABLE.

—

Droit Romain.

DU PÉCULE PROFECTICE.

Droit Français.

DE L'INCAPACITÉ DE LA FEMME MARIÉE.

Imprimerie MAULDE et RENOU, rue de Rivoli, 114,

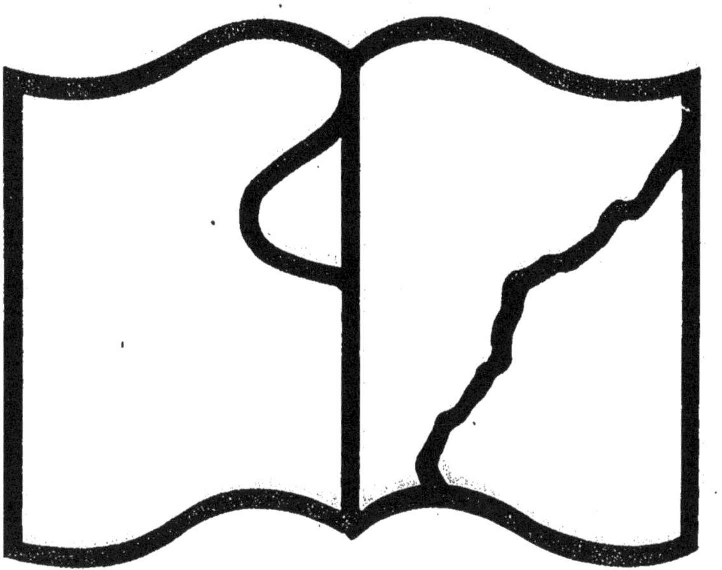

Texte détérioré — reliure défectueuse

NF Z 43-120-11

www.ingramcontent.com/pod-product-compliance
Ingram Content Group UK Ltd.
Pitfield, Milton Keynes, MK11 3LW, UK
UKHW021208140726
13695UKWH00002B/415